现代数字图书馆的发展创新研究

庄冬林 ◎ 著

南海出版公司
2023 · 海口

图书在版编目（CIP）数据

现代数字图书馆的发展创新研究 / 庄冬林著 . -- 海口 : 南海出版公司，2023.8
ISBN 978-7-5735-0549-1

Ⅰ . ①现… Ⅱ . ①庄… Ⅲ . ①数字图书馆－研究 Ⅳ . ① G250.76

中国国家版本馆 CIP 数据核字（2023）第 108568 号

XIANDAI SHUZI TUSHUGUAN DE FAZHAN CHUANGXIN YANJIU
现代数字图书馆的发展创新研究

作　　者　庄冬林
责任编辑　余　靖　林　沙
出版发行　南海出版公司　电话：（0898）66568511（出版）
　　　　　　　　　　　　　　　（0898）65350227（发行）
社　　址　海南省海口市海秀中路51号星华大厦5楼　邮编：570206
电子信箱　nhpublishing@163.com
经　　销　新华书店
印　　刷　河北赛文印刷有限公司
开　　本　710 毫米 × 1000 毫米　1/16
印　　张　13.25
字　　数　147千
版　　次　2023年8月第1版　2023年8月第1次印刷
书　　号　ISBN 978-7-5735-0549-1
定　　价　66.00 元

序

数字化技术的迅猛发展，使得数字图书馆得以充分发展，成为了现代图书馆的重要组成部分。本论文旨在探讨数字图书馆的发展历程、技术支撑、服务模式、应用与发展趋势等方面，为数字图书馆的创新发展提供启示。

数字图书馆是在传统图书馆的基础上，随着信息技术的发展而产生的新型图书馆。本书将从数字图书馆的定义和特点、发展历程、分类和类型等方面进行阐述，并总结数字图书馆的发展现状和问题，提出数字图书馆创新发展的建议和措施。数字图书馆需要不断创新、更新服务模式和技术手段以适应时代的发展需求。

数字图书馆的发展创新研究是一个重要的课题，数字化技术的发展为数字图书馆的发展带来了新的机遇和挑战，数字图书馆需要不断创新、更新服务模式和技术手段，以适应时代的发展需求。

希望本书能为数字图书馆的创新发展提供了一定的启示和参考。

目　录

第一章　数字图书馆基础理论

随着现代信息技术的飞速发展，以印刷型图书资料为主要馆藏的传统图书馆越来越难以适应信息社会日益增长的信息需求。信息的激增、信息传递速度的提高和信息利用的网络化要求图书馆调整馆藏结构和服务方式。这促进了数字图书馆的出现。

第一节　数字图书馆的基础认知

一、数字图书馆的定义和特征

国内外对数字图书馆的定义有不同的看法。以下是一些有代表性的观点，主要包括以研究图书馆协会（Association of Research

Libraries，简称 ARL）、美国数字图书馆联盟（Digital Library Federation，简称 DLF）和美国数字图书馆研究为代表的外国专家的观点，以及一些国内学者的观点。

（一）国内外代表性定义

研究图书馆协会是由美国和加拿大 121 家主要图书馆所构成的专业协会，成立于 1932 年，数学图书馆是一种利用数字技术来保存组织、检索和提供信息资源的图书馆。每一年都会发布统计数据。1995 年 10 月，该协会针对数字图书馆给出了一个具体的定义，说明数字图书馆并不是孤立的存在，也需要使用各种各样的信息技术，而多个数字图书馆和信息机构之间形成的链接，对用户来说都是透明的。数字图书馆并不是单纯收藏数字文献，还和不能以印刷形式进行传播的数字制品形成关联。数字图书馆联盟是美国一些著名大学的图书馆和社会核心图书馆共同成立的数字图书馆学术组织。数字图书馆联盟在 1998 年说明了何为数字图书馆，数字图书馆就是让专业人员以及相应的资源组织自主进行信息筛选，能够促进数字资源更加迅速地被对应的用户群体使用。数字图书馆是拥有特殊功能的组织，更关注数字资源的利用。数字资源是数字图书馆的核心。美国数字图书馆的相关专家学者认为，数字图书馆是拥有服务作用的。数字图书馆的信息内容是以数字格式储存的，并且可以完成网络访问。

数字图书馆是利用数字化技术建立的新型图书馆，它以数字化的形式保存、管理和提供各种类型的文献、资料和信息资源，并通过网络技术实现对这些资源的检索、访问和利用。数字图书馆的建设旨在提供更加便捷、高效、全面的信息服务，满足人们对知识和信息的需求。数字图书馆有资源数字化、网络化、开放性、信息可重用性、服务个性化和自动化等特点。数字图书馆的建设需要充分利用信息技术的优势，包括数字化技术、信息检索技术、网络技术、数据挖掘技术和人工智能技术等。数字图书馆的服务对象包括学术界、企事业单位、政府机关、个人以及其他组织等。数字图书馆的建设需要跨学科的合作和协调，包括图书馆学、计算机科学、信息科学、文献学、知识管理等多个学科的交叉和融合。数字图书馆的发展与创新是数字化时代的重要课题之一，数字图书馆的未来发展将会更加智能化、开放性、多元化和跨界融合化。

（二）数字图书馆特征

1. 数字资源

数字资源指数字图书馆里所有的信息资源内容，既包含了数字化文献，也包含了各种原始的出版信息与格式数据，而数字资源属于数字图书馆建设的基础，也是数字图书馆和传统图书馆最大的区别之一。数字资源既包含了书籍以及参考资料和视频资料与音频资料，也包含了期刊与报刊等，而不同的文件格式在位图格式的页面转变为编码特殊文本，既包含了 CD–ROM 中的信息以及局域网中的资源，也包含了一些特殊的资源，能够对多媒体数字资源进行处置，也是数字图书馆自身的技术核心。数字图书馆建设的目标就是让读者能够获取自身需要的信息，而信息也不单纯指文件资料，还有书目数据以及摘要和检索等。

2. 网络服务

高速数字通讯网络属于数字图书馆建设的核心基础，图书馆的内部工作组织以及对外服务都是需要依托网络开展的。数字图书馆将图书、期刊、报纸、照片、音频等多种文献和媒体资源数字化，并通过网络进行存储和管理。这些资源可以通过数字图书馆的网站进行访问和利用。

3. 特色技术

数字图书馆的特色技术主要包括数字化技术、网络技术、信息检索技术、数据挖掘技术和人工智能技术等方面。数字化技术可以将纸质文献、图片、音视频等信息资源进行数字化处理和转换，使得这些资源能够被保存、管理和利用。网络技术是数字图书馆的重要技术支持，它可以实现数字化信息资源的网络传输和访问，使得数字图书馆能够实现远程访问和共享。信息检索技术是数字图书馆的核心技术，它可以实现对数字化信息资源的快速检索和查询，提高了数字图书馆的检索效率和精度。信息检索技术包括关键词检索、全文检索、分类检索、模糊检索、交叉检索等多种技术手段。网络技术可以实现数字化信息资源的网络传输和访问，使得数字图书馆能够实现远程访问和共享。信息检索技术可以实现对数字化信息资源的快速检索和查询，提高了数字图书馆的检索效率和精度。人工智能技术可以实现对数字化信息资源的自动化分类、推荐、智能问答等功能，提高数字图书馆的服务质量和效率。这些技术的应用将会使得数字图书馆更加智能、高效、开放和服务化。

（三）数字图书馆的定义

数字图书馆能供能过提供搜索和分类导航等服务，帮助用户快速检索所需的数字化资源，同步支持多种文献格式的阅读。除此之外，我们还要对数字图书馆的相关理念进行区分，比如，电子图书馆、网络图书馆、虚拟图书馆等。很多文章都认为这些概念较为类似，然而我们却要准确地区分他们不同的关注点，这对数字图书馆整体的建设以及研究具有重要的价值。

电子图书馆的馆藏一般都是软盘、光盘等各种有形的载体，通常情况下是有一台计算机进行阅读以及访问的，并同步进行在线信息服务以及网络服务。网上图书馆则是运用网络中的网页收取相应的信息，让用户进行查阅 PDF、EPUB、TXT 等各种文献格式的阅读。虚拟图书馆是网上图书馆的融合，并且只能在互联网上运用，没有实质的数字资源，不需要运用特色技术，通过网络技术便能打造成为数字图书馆的延伸。

二、数字图书馆的理论结构

数字图书馆的理论结构根据其特征和核心构成，理论框架可以由数字资源、网络服务和支持技术三个方面的理论共同组成。

（一）数字资源

数字图书馆中的数字资源有以下两个来源：

1. 印刷资源的数字化

版权过期的图书、文献和资料等印刷资源可以通过扫描、光学字符识别等处理技术进行数字化，从而形成数字资源的基础部分。主要是经典著作和古代文献。

2. 地方数字资源

除了对印刷资源进行数字化以外，基础数字信息资源，尤其是学位论文、技术报告和会议记录也在不断被进行数字化。此外，目前出版业已经实现了数字化技术处理，有的书刊先出数字版，再生成印刷品。因此，地方数字资源逐渐成为数字资源的主体。

（二）网络服务

在数字资源、网络服务和特色技术结构框架下，数字图书馆的网络服务模式可以分成被动服务和主动服务两类。

1. 被动服务

数字图书馆的被动服务是指用户在需要时自行检索、浏览、下载等操作，获取所需的信息资源，这种服务模式也被称为自助式服务。数字图书馆的被动服务主要包括检索服务、浏览服务、下载服务等多种服务方式。检索服务是用户可以通过数字图书馆提供的检索界面，输入关键词或者组合检索条件，自行检索所需的信息资源。数字图书馆通过信息检索技术，为用户提供快速、精准的检索服务。浏览服务是用户可以通过数字图书馆提供的分类、目录、标引等方式，自行浏览数字化信息资源，获取所需的信息资源。数字图书馆通过数字化技术和信息组织技术，为用户提供丰富、多样的浏览服务。下载服务是用户可以通过数字图书馆提供的下载功能，自行下载所需的信息资源，获取所需的信息资源。数字图书馆通过网络技术和数字化技术，为用户提供高效、安全的下载服务。

数字图书馆的被动服务模式可以使得用户自主选择、自主获取所需的信息资源，具有灵活、高效、便捷等优点，同时也能够减轻数字图书馆的人力和物力负担。但是，数字图书馆的被动服务也存在一些问题，如用户的信息需求可能存在偏差、信息检索能力不足等问题，这些问题需要数字图书馆通过智能化服务等手段进行解决。数字图书馆将会采用更加智能化的服务模式，包括自动化的检索和推荐系统、个性化的服务和学习路径等。这些智能化的服务模式将会大大提高数字图书馆的服务质量和效率，使得用户能够更加方便和快捷地获取所需的信息资源。

2. 主动服务

主动服务是数字图书馆网络服务的高级方式，其特点通常是通过交互式网站形式考虑用户的个人需求。

交互式网站形式可以分为双向交互式问答模式和个性化信息推送模式，其中数字图书馆的个性化服务技术成为主流。

（1）双向交互问答模式

在这种模式下，数字图书馆可以根据用户的需求配置资源，服务形式取决于用户的需求，系统和用户处于平等的位置，信息在系统和用户之间双向交换。这种模式在技术上以在线聊天的形式实现。

在线聊天（Chat），是 1999 年美国宾夕法尼亚大学商学院为提供实时信息咨询而推出的实时互动聊天软件服务方式。这个软件可以安装在图书馆或第三方服务器上，类似定制个人聊天室，可以在图书馆主页上设置接入点。

(2) 个性化信息推送模式

个性化信息推送模式是指用户可以直接依照自身的需求和兴趣爱好，对于数字图书馆的界面进行设计，并且选择自己需要的数字资源。用户在使用过程中站在主动的位置上，而数字图书馆的系统则在从属位置上。数字图书馆可以依照用户自身的个性化需求，站在技术的角度上进行信息定制，从而确保个性化的信息内容推送。运用这项技术，也能够让用户自主个性化地设计数字图书馆，创设一个能够匹配自身需求并且自己能够熟练操作的界面。数字图书馆也可以按照用户所定制的，组织以及推送各种数字资源，定期地给用户选择主题资源，让资源、技术和服务完美地融合在一起。因此，数字图书馆的个性化服务技术是现阶段实现个性化信息推送模式的主流技术，逐步由单向信息传播模式转变为个性化信息传播模式。这项技术的创新让更多数字图书馆将把控权转交给了用户，用户的技术能力与应用能力不断提升，运用效果越来越好。另外，要关注数字资源融合以及运营方式的优化，这样才能确保数字图书馆更好地开展网络服务。

（三）支持技术

无论是数字资源还是互联网服务，都需要支持技术。与数字图书馆相关的技术包括通用信息技术和专用创新技术，即特色技术。

1. 通用信息技术

建设数字图书馆所需的通用信息技术主要是计算机技术、网络技术和信息安全技术。目前，计算机技术、网络技术和信息安全技术正在迅速发展，任何通用信息技术的突破都可能改变数字图书馆的技术支持。

2. 专用创新技术

图书馆建设运用的创新技术，包含了数字信息处理技术、信息储存技术、分布式资源和运营管理技术等。除此之外，还有多媒体信息搜索技术、个性化信息定制技术、发布技术等。这些技术都能够在数字图书馆建设过程中发挥出良好的作用。

三、数字图书馆与图书馆自动化的关系

图书馆自动化指的是将高科技信息技术融入到图书馆日常运行过程中，进而提升图书馆整体工作效率，给人们带来更高品质的用户体验。图书馆自动化在我国新型数字化图书馆建设过程中发挥着关键作用。近年来，国家对数字化图书馆建设重视程度的提高，无形之中给图书馆自动化建设带来了新的发展机遇。图书馆自动化建设对于我国图书馆来说是极其重要的，它改变了图书馆传统工作方式的同时，提升了整体服务水平，所以我们必须把自动化建设当成我国图书馆发展的首要前提。综合来说，图书馆自动化建设的出现不是偶然，它是时代发展的必然产物，代表着全新的时代

要求，我们必须积极地把握住机遇，给图书馆行业注入新的发展力量。

图书馆自动化是以计算机技术为核心，与网络通信技术相结合，对图书馆的各项业务实行自动控制的过程。简单地说，就是运用电脑来处理图书馆的业务及提供相应服务，诸如：图书采访、编目、期刊管理、流通管理、书目检索及行政管理等。

数字图书馆和图书馆自动化是紧密相关的概念，可以说数字图书馆是图书馆自动化的发展和升级。传统的图书馆自动化主要是指利用计算机和信息技术对图书馆的各个环节进行自动化管理，包括图书采访、编目、借还书、储藏、统计等各个环节。而数字图书馆则是在图书馆自动化的基础上，利用数字化技术、网络技术、信息检索技术、数据挖掘技术、人工智能技术等新技术，将馆藏的信息资源数字化处理和转换，实现信息资源的网络传输、共享和利用。

在图书馆自动化这一范畴上，数字图书馆将馆藏的信息资源数字化处理和转换，使得这些资源能够被保存、管理和利用。数字图书馆利用网络技术，实现信息资源的网络传输和访问，使得数字图书馆能够实现远程访问和共享。同时，数字图书馆具有开放性，允许用户自由访问、利用和共享数字化信息资源，可以实现信息资源的数字化处理和转换，使得这些资源能够被重复利用和再利用。数字图书馆通过人工智能技术等手段，实现对用户需求的智能化分析和服务，为用户提供个性化的信息服务。

数字图书馆是在图书馆自动化的基础上，利用新技术对图书馆的信息资源进行数字化处理和转换，实现信息资源的网络传输、共享和利用。它具有数字化、网络化、开放性、信息可重用性和服务个性化等特点，是图书馆自动化的发展和升级。

数字图书馆在理论和技术上超越传统图书馆的新发展，其意义和影响将更加深远。数字图书馆的产生和发展动力不是来自图书馆本身，而是信息社会不断发展和推动的结果。应利用数字图书馆的发展机遇，加快图书馆事业的发展。尽管目前对数字图书馆的认识还不一致，但数字时代对图书馆的深刻影响是现实的。数字图书馆是图书馆发展的必然趋势，将成为新时期图书馆发展的主旋律之一。因此，以数字资源为基础，以技术为支撑，通过互联网提供服务的数字图书馆将具有丰富的研究内容和广阔的发展前景。

第二节　数字图书馆建设全业务流程

信息资源是图书馆提供服务的基础和前提，是图书馆的必备生存条件。传统图书馆的业务流程可以概括为编辑和阅读，数字图书馆的业务流程实际上也可以概括为编辑和阅读，但贯穿数字图书馆业务流程的信息资源是数字资源，数字图书馆的建设和服务主要围绕数字资源的生命周期进行。

一、采——数字资源的采集加工

（一）数字图书馆信息资源建设

数字资源的生命周期就是数字信息资源从出现到消亡的整体运动过程，是数字资源形成、搜集、传播和保存的过程。数字图书馆信息资源建设就是对信息资源进行收集、管理与选择，从而构建数字资源系统化的过程。

（二）数字图书馆资源建设形式

传统文献的收集主要通过付费、购买、交换、赠送、征集、接受、转让、复制等方式进行。数字资源的收集方法主要是采购、网络资源采集、网络资源导航、专题资源建设、分工协作、捐赠交换等，这些方式并存于数字资源建设工作中。

1. 采购

主要是指商业数据库的采购，即购买从本馆以外的权利人（包括团体和个人）处获得数据库资源的使用权或保存权。

2. 自主建设

根据馆藏资源的状况和客户的需求，对馆藏进行划分、配置、数字化，有选择地进行特色资源和专题资源库的建设。一般来说，图书馆自建的馆藏数据库、专题数据库和有效组织的网络资源统称为自建资源。自建数字资源还包括数字展览、在线讲座等基础数字资源。

在数字资源自主建设的各个阶段，必须严格遵守资源建设的标准和规范。这不仅有助于用户发现和交付数字资源，也有助于提高资源可用性，满足广域资源共享和增值应用的要求。

3. 网络资源采集

网络资源采集是使用网络爬虫自动采集指定域名和网页以获取网络信息资源的过程。对于能够进行网络资源采集的图书馆，应结合用户需求确定采集内容、采集主题、采集范围等，并以采集内容为重点。

4. 合作建设

平等互惠背景下的图书馆和图书馆之间，以及图书馆和相关机构之间的数字资源都能够形成共享以及共同建设，既包含了资源互换，也包含了资源的委托与加工等。除此之外，确定需要采集的信息，领域、网站、论坛、博客等也非常重要。

（三）数字图书馆资源建设原则

我国各级图书馆开展数字资源建设已有30多年的历史，积累了大量的数字产品、专业数据库和商业数据库。总结国内图书馆数字资源建设的实践，我们认为数字图书馆资源建设应考虑以下原则。

1. 整体性与系统性原则

数字图书馆的数字资源和传统载体资源共同构成了图书馆文献信息资源。图书馆应注重这两种资源的整合，建设多载体、多类型、高质量的信息资源，有机构建更加高效快捷的新型信息资源体系。要注意资源建设内容的整体性和系统性，形成有重点、有层次、与各类资源比例相适应的数字资源体系。

2. 实用性和效益性原则

数字资源建设应从图书馆的功能定位和用户的实际需求出发，

最大限度地满足社会信息需求。同时，根据每个图书馆的具体实际情况，综合考虑购买模式、许可模式、许可期限、源数据、保存期限等多种因素，实现效益最大化。

3. 共建共享原则

倡导各个图书馆之间进行充分合作，共同建设和维护数字图书馆之间的资源。在遵守数字资源建设的效益性、实用性等原则的同时，要考虑跨地区、跨系统的数字资源合作建设，建立优势互补、共建共享的数字资源保障体系。

二、编——数字资源组织与整合

在数字资源急速增长的今天，图书馆需要对海量数字资源进行有效整合，方便用户使用。

（一）数字资源描述体系

虽然描述系统也属于图书馆资源构成的重要部分，在信息资源爆炸的社会背景下，资源内容较为繁多，但是我们应该思考怎样才能使用户的需求得到满足，所以就需要针对数字资源进行组织与描述，让读者能够迅速找到自身所需要的信息资源。现阶段图书馆最为常见的资源系统主要由以下几部分构成。

1. 以 MARC 格式为基础的编目体系

Machine-Readable Cataloging，简称 MARC。是一种机器可读的编目格式。就目前来说，图书馆对各种文献信息资源主要有两种最基本的 MARC 编目格式，西文文献资源主要使用 MARC21 格式，中文文献资源则使用 CNMARC 格式。

2. 以 DC 元数据为基础的元数据应用体系

Dublin Core Metadata Element Set，简称 DC。是一种用于描述数字资源的元数据标准。建立 DC 元数据的目的是建立一套描述网络电子文献的方法，以便于网络信息检索。DC 元数据是由 15 个元素构成的，旨在为数字资源的描述和管理提供一种简单、易用、通用的标准。

3. 以其他形式的元数据为辅的元数据应用体系

随着数字资源的发展，元数据标准呈现多元化的发展趋势，除了 DC 元数据以外，国内外针对不同领域、不同资源、不同应用已有多种元数据规范存在。

（二）数字资源整合

在海量数字资源的环境下，读者需要更深层次、更细粒度、更小单元的资源披露，更先进、更全面的信息搜索、定位、获取目标信息的一站式服务，因此有必要对数字资源进行整合和披露。

数字资源整合是利用各种技术、方法和手段，将图书馆独立的数字资源进行系统化和优化，将相对独立的关系进行融合、集群和重组，组合成一个新的有机整体，形成一个效益更好、效率更高的新型数字资源系统。目前，图书馆数字资源整合主要有四种模式。

1. 基于 OPAC 系统的数字资源整合

Online Public Access Catalog，简称 OPAC，即在线公共访问目

录。一般图书馆的书目数据库只向读者展示其印刷文献信息。如何改进 OPAC 系统，使读者能够了解包括数字资源在内的所有馆藏，已成为图书馆研究的焦点。目前，大多数图书馆对数字资源进行编目，将其 MARC 记录添加到 OPAC 系统，并将数字馆藏纳入目录控制系统。

2. 基于资源导航的数字资源整合

数字资源导航系统是通过数字资源的 URL（UniformResoure Locator，简称 URL，即统一资源定位符。是用于标识互联网上资源位置的原符串。）建立起来的。图书馆根据实际应用需求，在互联网上收集与某一专业或主题相关的信息进行筛选、提炼、分析、综合，形成专业信息资源组合。比如，CALIS（China Academic Library & Information System，简称 CALIS，即中国高等教育文献保障系统。）重点学科导航系统，中科院学科信息门户等。全部以学科类别为中心，聚焦学科信息和学术资源，实现资源的规范化收集、分类、组织和有序排列，多途径展现导航信息，方便用户按学科查找相关信息和学术资源。

3. 基于跨库检索的数字资源整合

图书馆自建数字资源以及外购数据库，一般情况下检索入口都是不同的，因此用户也不能够更加快速地找到自己所需要的资源，为了能够解决这个问题，就需要图书馆打造一个统一的检索平台，完成跨库检索，用户只需要登录一次，就可以直接对多个数据库之中的内容进行检索。

4. 基于元数据的数字资源整合

元数据是关于数据的数据，或者说是描述数据的数据，它提供了各种资源的特征、属性等相关信息，能够更好地解决信息资源的描述、发现、定位和管理。基于元数据的数字资源整合是实现图书馆文献信息资源共建共享的关键，元数据在信息发现、信息检索和信息组织中起着非常重要的作用。

三、阅——数字图书馆服务

（一）数字图书馆服务概述

在魏大伟主编的《数字图书馆理论与实务》一书中，将数字图书馆服务概括为：数字图书馆服务是现代图书馆服务的一部分，利用新技术或网络提供数字馆藏及相关数字资源的检索、发现、获取或推送、咨询和教育服务。

实际上，数字图书馆是一个平台、一个渠道和一种实施手段。数字图书馆的服务必须是基于现有图书馆服务全媒体的数字化、信息化和标准化，必须覆盖现有图书馆的所有服务对象和服务内容。从这个角度来看，数字图书馆的服务必须能够拓展图书馆的服务渠道，使用户能够以更便捷的方式随时使用图书馆资源。可以扩大图书馆服务范围，针对立法决策机关、教育科研和企事业单位服务、公众、图书馆和情报机构提供服务。它可以深化图书馆的服务内容，实现数字资源的无缝传输和服务，可以提高图书馆的服务质量，为公众提供现代化、个性化、多样化的服务。

（二）数字图书馆服务内容

数字图书馆的服务应该根据服务对象、馆藏情况、基础设施建设情况，提供基于互联网、移动通信网、广播电视网等多种方式的服务，最大可能地满足用户的需求。

1. 以深化服务内容为核心的信息化服务

对图书馆相关服务内容进一步深化，能够便于读者获取信息或资源，而提高源数据以及目录数据和管藏数据等各种资源检索服务，也能够让用户拥有更多的渠道掌握网上资源，获取相应的服务，并且在版权允许的范围内，让用户享受全文下载服务，运用互联网提供不同图书馆的资源信息，甚至是文献传递的服务。

2. 以提升服务质量为核心的智能化服务

数字图书馆应用全新的技术和理念，提供自主借阅，登记和复制，以及电子阅览室等各种各样的服务，让用户通过实名登记认证、网上浏览和网上讲座等各种方式，就能了解到各种信息。

3. 以拓展服务渠道为核心的新媒体服务

伴随信息技术的飞速发展，移动互联网以及广播电视也成了全新的信息传播途径，手机、平板电脑和数字电视等各种媒体设备在人们生活中随处可见，成为人们获取信息的渠道。数字图书馆要顺应时代发展趋势，在互联网背景上拓宽自身渠道，包含移动数字图书馆建设服务和数字电视服务相关的新媒体服务。

4. 以延伸服务范围为核心的多层次服务

数字图书馆以延伸服务范围为核心的多层次服务，是数字图书馆为了更好地满足用户需求，提高服务质量和效率而提出的服务模式。该服务模式分为基础服务、增值服务和创新服务等。数字图书馆以延伸服务范围为核心的多层次服务，可以满足用户在数字化时代的不同需求和服务水平要求。数字图书馆可以通过不断引入新技术、推动合作创新等方式，提高服务质量和效率，为用户提供更加丰富、多样、深入的服务体验。

5. 以合作共建共享为核心的网络化服务

数字图书馆以合作共享为核心的网络化服务，是数字图书馆在数字化时代推行的一种服务模式。它通过数字技术和网络技术，将不同图书馆、机构、国家和地区的数字化资源进行共享和合作，实现数字化资源的高效利用和共同发展。数字图书馆以合作共享为核心的网络化服务，可以提高数字化资源的可访问性和可用性，加速数字化资源的共享和交流，促进数字化时代图书馆服务的协同发展和创新。

（三）数字图书馆服务策略

目前，在提供数字图书馆服务的过程中存在一些不足，包括：服务平台缺乏统一规划，读者使用困难；服务理念缺乏创新，服务策略缺乏前瞻性研究；从事数字图书馆服务的馆员缺乏经验等。数字图书馆在服务设计和提供中应注重以下策略。

1. 整体性策略

要统筹规划图书馆的各项服务，通过统一的用户界面和接口提供全面的服务，发挥数字图书馆的优势，突破地域和时间的限制，最大限度地方便服务对象。

2. 创新性策略

开展前瞻性的研究，推动数字图书馆的服务创新，通过技术创新，发展和开拓丰富多样的服务。

四、藏——数字资源保存

（一）数字图书馆资源保存

在信息时代，数字资源实际上已经成为国家战略资源。在很多情况下，数字资源比物理资源更脆弱，更容易被破坏，或者其载体更容易被淘汰，因此数字资源的保存尤为重要。

数字资源保存的目标是保持数字资源的长期生存能力、可展示性和可理解性。数字资源的存储介质主要有磁盘、硬盘、光盘和磁带。

（二）数字资源的保存策略

数字资源总量巨大，需要海量存储介质，保存成本高；不同的数字资源建设目标决定了数字资源保存的策略应有所不同。因此，有必要制定数字资源的保存策略。

1. 数字资源保存级别

根据数字资源保存和利用的不同特点，数字资源一般分为长期保存、不定期保存和临时保存三种保存级别，以分别满足数字资源当前和长期利用的需要，并根据保存级别制定相应的保存策略。

2. 长期保存级数字资源保存策略

数字资源长期保存主要包括馆藏所有元数据（书目数据、规范数据、分类主题数据、馆藏数据）、馆藏数字特色资源库、重要中文网络资源、授权永久保存的中文资源库、国外重要工具数据库等。长期存储级数据应存储在光盘或磁带上，至少保留三份副本作为备份。对异地和离线存储的数字资源，进行磁带和光盘的定期检查、复制和转换。

3. 不定期保存级数字资源保存策略

虽然当时有保存价值，但经过一段时间后，保存价值会逐渐丧失的数字资源属于不规则保存级别。不定期存储的数字资源主要包括所有在网络上发布的数字资源，需要进行一或两份保留级别不固定的数据拷贝。届时，如果按照相关标准转换为长期存储级别，则需要按照长期存储级别的要求进行备份。

4. 临时保存级数字资源保存策略

当在线服务的数字资源非正常丢失或损坏时，该服务提供的数字资源可以作为临时存储级数字资源。数字资源的临时存储通常包括用于出版和服务的数字资源、资源供应商镜像的数字资源、带有对象数据链接的元数据资源等。对于网上资源，一般考虑三种存储策略：存储在数字资源出版与服务系统中，存储在本地数字资源存储管理中心，存储用于异地防灾的数字资源。

五、数字图书馆的支撑

数字图书馆建设与服务的支撑系统包括标准规范、软硬件技术平台和政策制度体系。

（一）标准规范

数字图书馆的标准规范指的是针对数字资源和数字服务的标准化和规范化要求，以确保数字资源和数字服务的质量、可访问性和可持续性。数字标准规范主要包括数字资源的格式、元数据、标准化、分类和命名等方面的规范。数字图书馆的标准规范是数字化时代数字化资源和服务的基础和保障，它们可以确保数字化资源和服务的质量、可访问性和可持续性，促进数字资源和服务的共享和交流，推动数字化时代的图书馆服务的创新和发展。

（二）技术支撑

数字图书馆的建设是一个庞大的工程，在建设数字图书馆的过程中要认真思考，重点解决数字图书馆的关键技术和技术架构，特别是技术架构中各种应用系统的实现。我们应该注意数字图书馆建设中的每一个细节，只有这样，我们才能建设一个现代化的、方便快捷的数字图书馆。

数字图书馆涉及许多新的复杂技术，如文献数字化技术、网络技术、数据挖掘搜索引擎技术、VPN 技术、Raid 技术、用户界面设计等。

第三节　数字图书馆的发展趋势与方向

一、数字图书馆的发展趋势

（一）从基于数字化资源向基于集成服务和用户信息活动的范式发展

数字图书馆的发展经历了数字化阶段、网络化阶段和开放化阶段三个阶段。数字化阶段是数字图书馆的起步阶段，主要以数字化为主要特征。在这个阶段中，图书馆开始将纸质文献资料等数字化，建立数字化资源库，提供数字化的检索和服务。网络化阶段是数字图书馆的进一步发展阶段，主要以网络化为主要特征。在这个阶段中，图书馆开始利用网络技术，将数字化的资源和服务通过网络进行传输和共享，实现数字化资源和服务的网络化。开放化阶段是数字图书馆的当前发展阶段，主要以开放化为主要特征。在这个阶段中，图书馆开始推进数字资源的开放共享，加强与其他机构的合作和协作，推动数字化资源和服务的开放式创新，提高数字化资源和服务的可持续性。数字图书馆的开放化阶段推进数字化服务的开放共享，使用户可以通过数字图书馆获取更加方便和智能的数字化服务。例如，数字图书馆可以通过智能化的检索和推荐服务，为用户提供更加准确和个性化的服务体验。未来数字图书馆还将继续推进数字化资源和服务的创新和发展，为用户提供更加丰富、智能、便捷的数字化服务。

（二）数字信息存储的全息化

伴随数字图书馆的建设与发展，数字资源的数据量也在不断增加，而储存空间会直接影响到数字图书馆的实际运用情况。数字图书馆中各种各样的多媒体信息资源在融入数据库之前，首先需要进行压缩，这样才能降低数据库的成本，让数据库整体规模保持在一个能够管理的范围之内，所以我们就需要关注信息存储要求并迅速适应。储存数字图书馆规划会逐步地扩大自身的规模，而全新数字技术的实际运用以及新型的压缩技术的产生，极大程度上能够减少数字资源占用空间以及储存设备的投资。全息数据储存有数据量储存较大、数据传输速度快、响应时间短等诸多特征，能够满足在线服务的根本要求。数字信息存储的全息化是一种数字信息存储技术，它借鉴了全息术的原理和方法，将数字信息进行存储和处理。它具有高密度存储、高速读取、高密度、高安全性等特点。

（三）多种资源的高度集成，易用性更强

多种资源的整合深度也是数字图书馆发展的技术保障，现阶段大部分的数字图书馆的资源仍旧是传统图书、报刊等各种印刷资料的数字化，今后将会逐步拓展到影印制品和多媒体资源等。而这些资源并不是直接放在一起，而是将不同的资源融合在一起的深度整合。读者直接输入搜索词就可以找到各种各样的资源，并且能够浏览和使用各种资源，数字图书馆会变得更加人性化且便捷，运用信

息导航、知识管理、全方位搜索技术等多项技术，都能让数字图书馆与用户之间的距离拉近。

（四）数字化技术进一步完善

数字图书馆的建设包含了计算机、网络通信等多个行业的技术融合，计算机和网络通信的技术发展速度较快，各种技术的不断创新背景下，数字图书馆需要运用网络通信、多媒体信息处理、信息压缩、信息安全、信息仓库等多种技术。现阶段，我们需要解决的核心技术内容分别是软件复用技术、多语言处理技术和自动识别技术。互联网背景下的数字图书馆，运用人工智能技术，其基础保障是较快地网络传输。现在，数字技术还在不断地创新与发展过程中。

（五）标准化建设取得较大进展

信息资源标准化也是确保数字图书馆资源共享得以实现的基础前提，数字图书馆建设和管理的信息包含了全部学科，因此整体的数量比较庞大，并且类型各种各样，包含了文字、表格、音频图像等多种数字化表达，整体组织较为复杂，不同部门之间运用软硬件的规格具有差异，通过多部门技术平台软件的融合运用，能够让网络形成互联，并且构成资源共享，促进管理工作开展。站在技术管理的角度进行分析，标准化才是核心，运用标准化能够使不同部门的信息开发资源，运用统一的方式组织在一起，这样既能够和国际形成互联，也能够为不同部门之间共享，构成一个全方位的信息资源系统。运用统一的搜索标准，打造分布式储存、搜索系统，能够帮助用户正确运用信息资源。

（六）社会化和国际化趋势

数字图书馆是面向社会化、国际化的方向发展的。现阶段，美国有许多科研机构和著名的院校都会组成合作小组，完成与数字资源和数字图书馆技术相关的研发工作。美国的国家图书馆联盟属于一个合作组织，将 15 个大型图书馆以及国家档案局形成在了一起。除此之外，1999 年环太平洋数字图书馆联盟正式成立，由太平洋区域的著名高校图书馆和国家图书馆共同管理。而北京大学图书馆、中山大学图书馆也开始针对数字图书馆进行了合作项目研究，希望能够开发多语种的在线图书访问系统，以及多语种的文件传输系统，构成一个多元化的数字图书馆。

二、数字图书馆建设的方向

（一）加强数字图书馆建设的战略管理

数字图书馆建设不但要求对技术角度进行微观探究，还需要站在管理角色的角度进行宏观分析。数字图书馆属于跨行业以及跨项目的大型系统工程，因此需要政府部门统一规划与协调。为了能够确保网络给用户提供更加全方位的服务，完成服务目标，数字图书馆就需要做好信息规划；为了能够保证数字图书馆整体建设方向的统一提升，防止项目以及技术出现重大失误，就需要站在战略管理的角度对于数字图书馆整体建设的宏观关系进行处置，强化数字图书馆与传统图书馆之间的联系，并对数字图书馆建设、国家基础信息建设以及数字资源建设与整合等多项工作进行可行性以及统筹规划分析。

（二）加强特色化数字资源建设

数字图书馆的建设一定要关注信息资源建设数据库。信息是数字图书馆的核心，因此数字图书馆首先构建一个数据库网络。因为信息源不足的问题较为严重，要尽可能地防止网络闲置，站在全方位的角度合理建设和运用文献信息资源，不能盲目地追求创新与完美，也不能盲目强化资源共享，并重复建设。考虑到图书馆面对的群体，数字图书馆的服务对象并不单纯是政府，还包含网络背景下的读者用户，因此就需要强化网页设计工作，打造数字馆藏使用多元化的远程服务，还要进一步加强信息知识资源的开发，构建不同图书馆的特色信息资源，满足各种层次用户和信息访问需求。数字图书馆应该关注个性化服务和特色资源的开发，提升数字图书馆的核心竞争力，使其得到更好的生存与发展，让数字图书馆逐步朝着可持续发展的道路前进。

（三）加强数字图书馆建设的合作与协调

数字图书馆的建设是一项基于跨部门、跨学科和高科技的艰巨而复杂的系统工程。相关研究机构和部门应充分努力合作和沟通，打破各自为政、重复建设的局面，在互联网的基础上进行一体化建设。加强与国外科技企业的技术合作，利用国外先进技术创建有特色的数字图书馆。数字图书馆的建设需要计算机科学、软件工程、通信网络工程等多方面的结合，形成战略联盟。美国数字图书馆研究采取的共同合作路线值得借鉴。在推进数字图书馆建设时，仅靠政府投资或图书馆自身的资金和技术实力难以完成这项艰巨的任务。图书馆界在认识到自己是建设主力军的同时，要与信息技术界、企业界建立友好合作关系，广泛吸收资金、技术、人力，共同建设、发展数字图书馆。另外，政府有必要加强对数字图书馆的宏观管理，并适时做出相应调整。

（四）加强数字图书馆的可用性评价

数字图书馆可用性指系统需要按照自身的特殊性，例如是否拥有功能菜单，是否使用图形界面等进行界定。而在具体运用上，可用性说的是用户在特殊环境下执行相应目标的时候，系统呈现出来的性能和功能是否能够促进目标实现。可用性是对于数字图书馆进行评价的一个重要指标，包含了用户和数字图书馆之间形成的交互，还包含了数字图书馆自身的构建与维护。可用性就是指图书馆性能能否匹配用户需求基础，以及过程能否符合用户的实际需要。对图书馆的内部相关工作者而言，可用性与工作效率有重要的关联。

对数字图书馆的开发工作者来说，可用性会直接影响到整体系统开发的成效。依照于用户范围，数字图书馆的可用性也可以划分为界面可用性与组织可用性，可用性评价结果也预示着数字图书馆用户界面是否能够匹配用户的特殊需求。数字图书馆是否能够融合机构所开展的工作内容，满足机构实际的工作需求，可用性评价对此给了回答。数字图书馆不但会转变人们使用信息的形式以及方法，还会直接影响到人们使用信息的深度，因此需要我们构建一套对数字图书馆进行评估的可用性原则，这具有重要的价值。评估数字图书馆的可用性原则如下列所示。

1. 易学

数字图书馆应该简单易学，用户可以在短时间内掌握其用法。系统要为用户提供培训机会和咨询渠道，在使用过程中遇到问题能及时得到帮助。

2. 易记

数字图书馆的整体架构以及界面和功能都要保持一致的状态，这样才能使记忆性得到提升。因为用户具有记忆能力，所以即便用户在掌握使用方法的一段时间后，再次运用数字图书馆，仍旧能够顺利使用，而不用重新学习使用操作。

3. 高效

数字图书馆需要保持一个高效的系统运转状态，这样才能确保用户的信息需求得到满足。而用户使用数字图书馆了解的信息，会相较于其他途径而言效率更高。

4. 容错

数字图书馆具有显著的容错能力，能够确保系统正常的运转，而用户一旦产生了操作失误的问题，也会及时告知用户，或者直接提出修改建议并自行修复。

5. 愉悦

用户在运用数字图书馆的时候，会感受到轻松与愉快，并且使用较为便捷，最终也会获得良好的成效。系统要帮助用户排除使用过程之中可能形成厌烦或沮丧等各种情绪。

6. 服务差异化

运用互联网，世界各地的用户都可以使用数字图书馆服务，而用户的需求与社会、文化背景和自身的知识能力之间具有密切关联性。数字图书馆需要按照用户自身的认知形式和行为方式，依照用户的读书习惯给用户提供相应的差异化服务。数字图书馆系统更加匹配组织工作的实际情况，包含了系统的工作流程需求，还有是否能够满足用户获取信息的要求，以及与通信系统的匹配程度等。数字图书馆相关工作开展时，要明确经济效益以及社会效益，还要考虑到用户在使用数字图书馆过程之中的经济性问题。总之，数字图书馆系统能够匹配用户的实际情况，包含系统的工作流程，用户的信息获取习惯，与用户的计算机设备和通信设备是否匹配等。数字图书馆能够对自身的经济效益进行评价，还能考虑到用户运用图书馆的效率。

（五）加强数字图书馆的知识管理

数字图书馆的知识管理是运用组织开发以及运营图书馆所拥有的各种各样的信息，融合知识要素在内的所有的智力资本，从而实现对于知识内容的创新和传播，并且提升知识的价值。

知识创新就是运用创造性思维构建和管理数字图书馆。数字图书馆是在网络背景下形成的一种全新的图书馆状态，不论是针对理念追求还是运转模式和管理模式，与传统图书馆都具有较大的差异。为了有效促进数字图书馆的建设与实践，就需要加强对图书馆相关知识内容的创新。数字图书馆内部的工作者是数字图书馆得以发展和创新的核心动力。

知识组织就是把数字图书馆资源中各种各样的知识要素，以及与知识相关的内容展示出来，让人们识别和认知。而知识组织的形式有多种，可以依照知识的内部结构特点，划分为知识要素、组织方法和知识内容。依照与知识组织的相关语言学内容，也可以分为语法组织、语义组织和语用组织。

知识开发是在数字图书馆信息获取、处理过程中，运用数字发掘和探索知识技术，对相关知识内容进行分析与提炼，从而发现更加具有规律性的知识内容，然后再对知识内容进行深度的二次加工，从而创造具有独特价值的知识商品。

知识传播以及运用是指数字图书馆在知识商品传播过程中，通过知识信息导航、知识评价、知识咨询与服务等功能，让知识的价值得到提高。

数字图书馆要开展高效的知识管理工作，首先需要构建一个创新与沟通交流的应用渠道，开展组织管理机制、技术机制和奖励机制。实现现阶段的知识组织和知识管理与各种各样的智能技术和软件技术（例如源数据技术、智能代理技术、数据发掘技术、知识发现数据等）融合这些技术的运用都越来越常见，尤其是针对内容和知识管理的数字图书馆，经整体设计，在很大程度上能够提高数字图书馆的知识管理效率。

（六）加强数字图书馆的标准化管理

数字图书馆的建设需要多个部门共同参与，而我们则需要首先探究怎样使用多方的力量，如何确保网络互联互通与资源共享和管理工作的有序开展。因此就需要首先建立相应的规范标准，标准化与规范化是数字图书馆建设中的核心问题，也是确保数字图书馆的资源得以共享的前提，会直接影响到数据库整体的建设质量和服务效果。数字图书馆需要按照不同的标准进行衔接与协调，打造相关的标准体系，包含了数字图书馆的资源储备、识别、检索、扫描等。数字图书馆的建设有两个标准，第一个是和文献信息工作具有关联的技术标准，包含通用标准、出版专业通用标准、图书情报专业通用标准等；第二个是计算机、通讯和数据库建立时所运用的标准。现阶段的数字图书馆标准和规范还存在着一定的完善空间。

第二章　数字图书馆环境的优化建设

第一节　数字图书馆的网络优化路径

一、网络优化的含义

数字图书馆的网络优化指的是通过网络技术和信息技术手段对数字图书馆进行优化，以提高数字化服务的质量、效率和用户体验。数字图书馆通过优化网络架构，提高数字化服务的稳定性和响应速度。数字图书馆可以利用分布式系统、云计算等技术，构建高效稳定的数字化服务平台，实现数字化资源的快速检索和获取。数字图书馆通过优化数据库，可提高数字化服务的效率和可靠性。数字图书馆可以利用数据库技术，对数字化资源进行分类、标准化、整合和管理，提高数字化资源的可用性和可访问性。数字图书馆通过优化检索算法，提高数字化服务的准确性和智能化水平。数字图书馆可以利用机器学习、自然语言处理等技术，对数字化资源进行智能化的检索和推荐，提高数字化服务的用户体验和服务质量。

首先，站在用户的角度，网站优化设计能够便于用户的信息浏览，更加合理地运用网站的服务；其次，在搜索引擎推广的网站角度进行分析，优化以后的网站能够让搜索引擎迅速了解到网站的基础信息，在用户使用搜索引擎展开搜索的时候，企业希望的一些网站信息能直接出现在最前面的位置上，让用户能够迅速找到有关的信息，从而直接点击进去查看，结果直接来到网站里了解后续的信息内容，从而成为用户；再次，站在网站的运营维护角度进行分析，网站的运营人员可以更加便利地对网站进行维护和管理，这样能够促进各种网络营销模式的运用，还可以积累更多的网络营销资源。

二、数字图书馆文献信息环境的优化

（一）文献信息使用环境的优化

1. 现代化设备及网络技术

数字图书馆的现代化设备和网络技术是数字化服务的重要支撑和保障。现代化设备和网络技术的不断发展和应用，为数字图书馆提供了更加高效、智能、可靠的数字化服务。数字图书馆利用数字化设备对纸质文献等进行数字化处理和转换。数字化设备包括扫描仪、数字相机、录音设备、数字化制图设备等。数字化设备的使用可以提高数字化服务的效率和质量。

数字图书馆利用存储设备对数字化资源进行存储和管理。存储设备包括硬盘、光盘、磁带等。数字图书馆可以利用存储设备对数字化资源进行分类、标准化、整合和管理，提高数字化资源的可用性和可访问性。

2. 信息检索及信息过滤技术

数字图书馆的用户更希望能够按照自身需求的差异获取相应的信息资源，让图书馆形成为自己服务的信息空间，而图书馆面临的问题并不是信息不足，而是信息数量以及质量没有达到统一，因此在查找的时候较为困难，所以读者希望能够运用信息搜索和信息过滤技术，按照自身的信息需求，针对动态的信息内容进行识别与判断，去除糟粕，以及一些无关的信息，保留精华，使内容、格式和呈现的网页都变得更加多元与新颖。这就需要对信息搜索人员的知识以及技术提出全新的要求。

3. 加强信息资源建设

数字图书馆可以将纸质文献等数字化，建立数字化资源库，提供数字化的检索和服务。数字化资源建设可以帮助数字图书馆更好地管理和利用数字化资源，提高数字化服务的效率和质量。同时，可以与其他机构合作，共同建设数字化资源库，实现数字化资源的共建和共享。跨机构资源共建可以拓宽数字化资源的来源和范围，提高数字化资源的质量和可用性。信息资源整合和共享可以提高数字化服务的效率和质量，为用户提供更加丰富、智能、便捷的数字化服务。

（二）文献信息管理环境的优化

1. 创新的信息管理意识

网络用户是今后数字图书馆用户的主要构成，而传统的较为被动的服务形式与现阶段互联网发展背景的用户需求已经无法匹配。各种信息资料不能深入探究与研发都会直接影响到图书馆日常工作开展，因此转换传统观念也是现阶段数字图书馆匹配时代背景的关键点。构建一个高效的信息管理服务体系，组建专业的服务团队，都是图书馆管理工作开展的基础。信息服务工作者除了要发挥出自身的优势，还要运用创新手段使图书馆的活力被激发出来。数字图书馆的全新管理观念，不仅关注技术手段的创新，也需要转变传统观念，将用户作为核心，让传统的文献服务工作更好地贴近用户；同时，考虑到用户对信息资源运用的行为转变，依照与用户不同的需求特征，提供更加有质量有深度的信息服务。

2. 良好的职业综合素质

有了更加有力的技术支撑以及物质基础，图书馆的服务模式也已经成为一种全新的服务模式。在这种全新服务模式背景下，图书馆内的工作人员由传统的借阅服务转变为咨询服务，而图书馆内工作人员角色也由信息管理人员转变为信息加工人员，工作核心已经由文献资源管理转向信息服务。迅速打造高素养的馆员队伍，也是信息服务工作开展的重要环节，除了需要工作人员有良好的专业知识，以及数字图书馆相关的计算机专业知识之外，还需要他们拥有法律意识、良好的外语能力和信息管理素养等诸多专业素养。数字图书馆员基本职业素养的高低直接影响到图书馆的服务水平与质量。

3. 出色的信息管理技能

图书馆馆员是图书馆管理工作的主体，也是图书馆信息储存的设计者以及运用者，是信息资源和读者之间沟通交流的桥梁，不但提供信息导航思路，还是信息的组织者和发掘者。所以，图书馆工作人员除了需要拥有良好的职业素养和信息素养以外，还需要了解一些计算机的基础知识，拥有信息检索技术和网络技术，对系统进行维护的工作能力；能够在互联网进行信息获取、加工和传递的能力；具备现代化的服务意识，能够掌握各种与现代服务相关的技术。

（三）文献信息人才环境的优化

1. 数字化人才队伍建设

从数字图书馆整体组织建设的特征来分析人才队伍，包含以下三种：第一种是信息管理研究人员，他们需要对信息技术、管理技术和相关的行业知识内容进行整合，并匹配不同的信息资源管理活动；第二种是信息技术培养人员，这些人员需要掌握良好的信息自动化技术和网络技术，并能够开发数字资源；第三种是信息资源运用人才，这样的人才拥有独立获取信息的能力，信息嗅觉较为敏锐，具备良好的外语能力、语言表达能力、计算机网络运用能力，以及专业基础知识与自学能力。图书馆应该强化对于图书馆内部管理工作人员的专业能力的提升，使他们在工作之中逐步地发挥出创造力与主动性，运用他们的智慧和内在动力，让数字图书馆的整体信息资源共享和信息服务工作变得更加现代化。

2. 培养智能型的复合人才

当前的网络技术发展速度越来越快，图书馆除了注重计算机专业、外语专业人才引进，还需要培养各种各样的高素养人才。比如，数字图书馆的文献信息管理工作者不但要学习特殊的数字图书馆的理论知识，还需要掌握一些现代化技术的技术操作素养，就像熟练掌握收藏品相关信息一样，他们要掌握信息资源的分布情况，还要掌握信息资源的获取，因此需要他们拥有良好的现代化资源意识，并且拥有信息理论和信息意识，能够熟练地掌握信息技术的运用途径，以及其他图书馆信息管理工作中需要具备的知识，这样才能够更加全面且深入地开展高科技的信息服务工作。这样的人才既是网络、知识领域专家，又是图书馆现代技术运用的复合型人才。

3. 培养高素质的信息创新人才

由于当前的信息服务模式正在不断地转变，图书馆工作人员的素养也是直接影响到信息服务质量的，更会影响到信息化建设的成果。图书馆管理人员要统筹规划完成自身工作目标的基础上，制定相应的人才培养计划，为图书馆工作人员营造良好的创新环境，提供提升自身能力的机遇，还要有针对性地帮助图书馆工作人员提高专业知识能力、计算机能力和外语能力，让图书馆的信息服务工作从印刷品管理服务工作转变为多元化、网络化、信息化、数字化的服务工作。另外，还要引进一些拥有良好职业精神与职业道德并且拥有职称的高素养人才，还可以开展研究与指导，让一些年轻的图书馆工作人员朝着高学历以及高职教育的方向不断学习，这样才能匹配网络背景下图书馆现代化发展和文献信息发展对人才的实际需求。

（四）文献信息服务环境的优化

1. 参考咨询虚拟化

虚拟参考咨询服务就是图书馆运用相应的数据资源收集、解决虚拟用户所提出的诸多问题，完成整体信息咨询服务的完整过程。相较于传统参考咨询服务而言，虚拟参考咨询服务并不是将图书馆的物理环境当作核心，而是把用户自身的物理环境当作核心。在网络背景下的传统参考咨询服务，已经逐步地为越来越迅速、广泛、准确、创新的理念所影响，从而出现了转变信息支撑所包含的深层知识内容，也被现在的计算机手段以及网络技术所发掘，从而提升了整体质量。虚拟参考咨询服务比传统的信息服务拥有更加长远的发展潜力。

2. 网络资源导航化

互联网是一个巨大的信息库，而信息资源在共享的过程都是需要依托网络开展的，网络中的信息内容较为复杂，很多学术信息内容都十分混乱，因此搜索的难度较大。这就需要我们运用清晰且有序的资源为后续的网络导航服务提供相应的帮助。图书馆一定要发挥出读者网络信息导航的作用，对不同学科资源进行筛选、过滤和识别，给读者提供更多的搜索方式，匹配用户需求要更加有针对性地开发不同的网络信息资源，为读者的信息查询节约时间。

3. 信息需求个性化

按照用户的实际需求，数字图书馆需要更加及时运用网络技术，准确提供用户所需的信息内容，为用户创设更加个性化的网络服务环境。关注个性化的预约信息服务以及信息交流方式，按照用户实际需求，满足不同用户的特定目标，为用户提供更加多元个性的服务，提高需求满意度。在信息内容和功能服务上，依照读者自身的性格特征、兴趣爱好和行为需求等诸多内容，提取出实际的知识价值。

4. 服务技能现代化

在现阶段的网络背景下，图书馆应该加强工作人员现代化意识的培养，让他们掌握各种各样的现代服务技能。首先，需要我们运用微型计算机熟练地进行操作，使用现代化的信息技术，把各种各样的繁杂的网络信息内容进行分类与处理，从而找出其中最有价值的信息，提供给相应的需求人员。其次，要对信息的真伪进行鉴别，及时纠正错误信息，给用户提供更加准确的资源。再次，引导用户自主搜索，使信息导航员的作用真正地发挥出来。最后，既要关注专业知识的掌控，又要把握不同学科的理论，了解国内外出现的一些重大事件，了解现阶段不同行业研究的重难点问题以及前沿热点问题。

第二节 数字图书馆的资源优化路径

一、基于知识管理的数字图书馆资源建设的优化路径

（一）知识管理与数字图书馆资源建设的优化

在现阶段的知识时代背景下，经济发展是将高新技术产业作为核心的，企业也在逐步朝着高技术化以及资源化的方向转变。

知识管理工作开展过程之中，应该首先考虑到一些新型的知识型企业的实际运用。

现阶段以微软和英特尔等各种跨国公司为核心的知识型企业，已开始逐步运用自身的知识管理方案，制定相应的行动计划，并且通过这些计划的制定，让企业产生了较大的经济利益。这种模式被人们称作微软管理模式。当前已经有越来越多企业在运用这种模式，在数字图书馆整体建设工作中发挥着不可比拟的作用。图书馆的知识管理理念、对图书馆的资源优化开发和建设、提升图书馆在数字背景下的应变能力是 21 世纪图书馆获得良好发展和生存的主要研究问题。

1. 知识创新和知识重构——改变传统的“藏书建设”理念

数字图书馆的知识创新和知识重构是数字化时代图书馆服务的重要发展方向之一。知识创新和知识重构可以通过数字化技术和智

能化服务，为用户提供更加个性化、精准和智能的数字化服务。数字图书馆的知识创新包括数字化资源、数字化服务和数字化技术的创新。数字图书馆的知识重构包括数字化资源的重构和数字化服务的重构。数字化资源的重构包括数字化资源的清理、整合和更新，提高数字化资源的质量和时效性；数字化服务的重构包括数字化服务的优化、智能化和个性化，提高数字化服务的用户体验和满意度。知识重构可以帮助数字图书馆更好地管理和利用数字化资源，提高数字化服务的效率和质量。

2. 知识仓库——数字图书馆资源建设的核心内容

知识仓库是指数字图书馆集中管理、整合和利用数字化资源、知识和信息的系统化组织和管理体系。知识仓库可以帮助数字图书馆更好地管理和利用数字化资源和知识，提高数字化服务的效率和质量。数字图书馆可以将不同类型和来源的数字化资源进行组织和管理，建立数字化资源库。数字化资源库可以帮助数字图书馆更好地管理和利用数字化资源，提高数字化服务的效率和质量。同时，将数字化资源进行分类和标准化，建立知识分类和标准化体系。知识分类和标准化可以帮助数字图书馆更好地管理和利用数字化资源和知识，提高数字化服务的效率和质量。作为数字图书馆资源建设的核心内容，知识仓库功能可以利用智能化技术对数字化资源进行智能化的检索和推荐，提高数字化服务的用户体验和服务质量。智能化检索和推荐可以为用户提供个性化、准确的数字化服务，提高用户的满意度和忠诚度。

（二）知识管理和人力资源的开发与利用

人是管理工作的主体，也是管理工作的课题，人力资源是图书馆日常知识资源中拥有创造力的资源，因此应该将这种资源直接归入在整体的资源体系之中。人力资源由以下两个部分组成。

1. 图书馆知识主管体制——一种新的组织管理方式

信息技术的发展对企事业单位的竞争力产生了重要的影响，而信息本质就是财富，并且信息也能够使企业拥有更多的发展机遇，谁拥有更多的信息，对于信息的投入越大，那么就能获得更多的回报。因此，要在各种各样的信息中找出最具有价值的信息，就需要拥有辨别真假信息的能力。打造一个拥有知识累积以及知识共享的整体环境，确保知识库之中的相关资料内容都得到监督与管理，并且不断地及时了解社会，提升深度，实现创新，确保知识库的整体设施运转正常。而这些知识并不代表只是数据，而是能够直接融入人们的脑海之中，形成人们的智力资本的重要构成。

2. 图书馆的人才建设——数字图书馆信息资源建设的关键

图馆咨询工作人员应该依照馆藏特征、用户需求和市场情况，与不同的图书馆、科研机构、学术团体、多行业的咨询机构等展开合作，使自身的服务范围增加，还要提供人力物力、资产金融与法律等相关的咨询服务，全方位地开展信息代理、中介服务和技术咨询等多项信息采集跟踪服务。所以，图书馆需要依照于整体的资源配置需求，积极地引进一些拥有特殊技能以及特长的人才，而图书馆的管理工作者也要定期通过教育培训，参与到各种各样的学术交流会议之中，这样才能创新他们的知识体系，提升他们自身的竞争力。总而言之，图书馆的工作人员需要考虑到图书馆实践工作的重要性，在实践过程中发现自身工作中存在的问题，从而进行创造性的研究，针对图书馆整体理论体系的完善以及发展做出自身的贡献，使自身逐步成为图书馆整体发展过程之中的创新与中坚力量。

二、数字图书馆中网络信息资源的优化整合

网络背景下的图书馆信息资源整合优化及开发，是国内外图书馆理论界不断探究的主要课题之一。笔者以我国的东部、中部以及西部地区代表性的图书馆的核心技术，结合国外图书馆的信息整合资源运作模式以及经验，针对我国的图书馆信息资源的整合、开发和运用进行了探究，并且提出了相应的工作思路。

（一）图书馆信息资源的优化整合

1. 图书馆信息资源优化整合的特点

具体有以下几种。

(1) 科学性

信息是由网络结构诸多节点之间共同连接在一起。而节点属于信息最核心的构成部分，信息关联属于多个信息因素之间具有的联系，而信息资源的核心内容就是要针对信息要素进行有序的信息网络化建设。

（2）系统化

在网络背景下的图书馆信息资源主要由馆藏资源以及虚拟馆藏资源两部分构成。只有通过系统，且不断地搜集来自于馆内外以及国内外各种各样的数字信息资源，并且对其进行优化与整合，才能确保图书馆内部的馆藏资源以及虚拟馆藏资源得到创新与发展。

（3）标准化

数字图书馆通过资源协作，实现数字化资源的优化利用和协同发展。例如，各数字图书馆可以通过资源协作，共同开展数字化资源的标准化、整合、分类和管理，提高数字化资源的可用性和可访问性。

（4）分享性

各数字图书馆通过建立数字资源共享机制，实现数字资源的共享和交流。例如，数字图书馆可以通过数字化技术将不同机构的文献、影音、图片等数字资源进行数字化处理和整合，然后通过数字化技术和网络技术，将这些数字资源进行共享和交流。

（5）效率

社会效益的含义就是说数字图书馆的运转过程之中与社会发展相关的效果，能够使读者提升满意度，对社会发展起到促进作用。经济效益的含义是说图书馆在科技发展以及宏观决策等多项工作开展过程之中，发挥独特的数据库的作用。

（6）特色

站在互联网的角度，对资源进行合理配置，把图书馆的网络建设归入到整体区域以及国家和全球的信息网络建设之中，强化特色数字资源开发，打造一个特色数据库。

(7) 安全性

运用相应措施，确保图书馆的网络与信息资源能够正常运转，主要的措施包含了防火墙、VPN技术、加密技术和跟踪检测技术等。

2. 图书馆信息资源优化整合的基础

信息资源网络建设属于信息资源优化的基础内容。而信息资源网站会依照用户实际的信息需求，有针对性地开展信息内容的搜集、处理及加工，构成一个信息产品，再传播给用户。信息资源网络是在互联网增值服务运转过程中形成的信息应用系统。

3. 图书馆信息资源优化整合的重点

网络背景下的图书馆数据库建设工作要考虑到图书馆的实际情况，不同地区的相同专利和系统之间应该分工协调，通力配合，尽可能地防止重复建设，造成人力物力浪费。

4. 图书馆信息资源优化整合的目标

现阶段，数字图书馆更为关注信息内容的开发运用，希望能够最大程度上满足不同用户的实际需要。信息资源整体体系建设是将网络作为核心，把不同的馆藏资源达到共享，从而更大程度上去满足用户的实际信息需求。

5. 图书馆信息资源优化整合的方式

具体的方式有以下几种。

(1) 文件方式

文件是具有符号名称的，对事件的逻辑进行记录的物体。在网络环境下，整合信息资源较为便利，文件能够迅速储存各种非结构化的信息内容。

（2）数据库方式

数据库是把储存设备中可以运用的一些关联的数据融合在一起，能够迅速处理信息，并且将大量的结构化、非结构化的信息储存为最小的存储数据单位。

（3）主题树方式

主题树是一种界面机制，通过用户运用界面和网络资源就可以开展主题目录交流，并且使用主题目录之间不同的连接，就能实现数据资源融合。信息检索是让用户依照相关规定体系进行查询，拥有较强的目的性和准确率，因此能够呈现出可扩充性及系统性的内容。

（4）超媒体形式

超媒体技术可以把文字、视频和声音等各种各样的信息运用超文本的形式融合在一起，用户通过链接就可以在不同的信息中枢中自由地查找所需信息。超媒体形式也包含了联想式的整合方式，拥有图文并茂的信息服务特征。

（二）图书馆信息资源优化整合的工具

具体的工具可以分为以下两种。

1. 分类

分类是依照信息资源的实际分类原则，系统地对不同学科进行类别判定，使用代表类别的数字和分类号作为文献的主题标记。分类就是把不同文献按照学科和专业进行集中，然后用信息资源分类的角度去了解不同文件内容上所存在的差异以及共同点，从而提供一种更加准确的分类检索方式。

2. 主题方法

主题法就是把自然的语言进行标准化处置，然后作为文档的主题标题，依照字母排列顺序融合与实际的参考式方法，彰显出不同概念之间的联系。按照对象名称和检索文件的方式，划分为：单位形态学、叙述形态学、关键词法、自由标语法等各种各样的语言检索系统。

（三）图书馆信息资源的开发利用

1. 确立战略目标

（1）主客观条件

客观条件主要包含了相应的信息源、人员、设备、资金等多种多样的内容。主观条件是信息资源开发人员自身的能力在信息资源开发过程中运用的方式。战略目标要考虑我国实际发展情况和信息资源开发运用的规律，让数字图书馆的信息资源开发应用程度不断提升。

（2）目标分解

在数字图书馆信息资源的开发利用中，进行战略目标的分解是一个重要的步骤，可以帮助战略目标的明确和细化，使其更容易实施和管理。明确数字图书馆信息资源的战略目标是包括提供更广泛的资源、提高用户体验度、增加访问量等。确保战略目标与组织的整体目标和使命相一致。同时，将战略目标划分为更具体、可操作的子目标。将实现战略目标和子目标的步骤分解为具体的时间段，以便跟踪进度并进行必要的调整。对于每个子目标，确定必要的行动计划。这些行动计划应该具体、可衡量和可操作。

2. 应遵循的原则

（1）客观性

需要客观认真地对经济实力、信息开发能力、处理速度以及运用程度进行分析，不管制定何种方案，都需要考虑到客观情况。

（2）针对性

因为信息资源具有多样性，因此不同阶段的信息资源的特点也不同，所以信息资源的开发运用要更具针对性。

（3）效率

站在管理学角度进行分析，效率的达成要以以人为本原则、制度原则和效益原则等为基础。不管是何种管理，都需要将这三个原则作为根本。以人为本原则和制度原则属于保障。效益原则则属于管理工作的核心内容和主要目标。提升效益才是管理工作的根本目标。

3. 开发利用的形式

（1）数字化资源

数字化资源是图书馆信息资源开发利用的主要形式之一，包括数字化图书、期刊、报纸、音像资料、图片等。数字化资源可以通过数字化技术进行数字化处理，提高数字化资源的可访问性和利用价值。

（2）开放获取资源

开放获取资源是一种免费获取的信息资源，包括开放获取期刊、学术论文、数据集、图书、音像资料等。图书馆可以通过订购开放获取资源的服务，为用户提供更加丰富的信息资源。

（3）数据库资源

数据库资源是一种集成、共享、高度结构化的信息资源，包括学术数据库、专业数据库、全文数据库、统计数据库等。图书馆可以订购数据库资源的服务，为用户提供更加精准和全面的信息检索服务。

（四）信息资源优化整合与开发利用的具体建议

1. 宏观控制、组织和协调

构建全国范围内的信息资源整体管理组织，能够匹配我国整体信息资源建设，从而达到优势互补的统筹规划，使全国不同系统、不同地区的图书馆信息资源达到合理配置，并优化开发运用，对信息化、自动化、网络化建设开展统一的规划与指导。

2. 规划目标及分工合作

站在全方位的角度，针对图书馆的信息资源整合、开发和运用，打造全方位的目标发展体系，并且和自身所规划的统一管理与协调信息资源建设融合在一起，最终构建出一个多元化的信息资源系统。

3. 制定法律法规及规范标准

只有将信息资源建设放在法律监管背景下，才能制定相应的标准，指导知识产权和信息处理等相关工作，使信息资源的建设有据可依。

4. 多渠道增加投入

建设数字图书馆需要投入各种各样的经费，而政府在不断投入的过程之中，图书馆也可以依照与数据库的不同类型以及规模使用国家投资、社会投资以及机构内部的各种资金。

5. 加强队伍建设，提高素质

我们需要加强队伍建设，培养既能够负责图书馆管理工作，又能够掌握计算机技术的复合型人才，并且让他们系统化地掌握图书馆的相关理论，并在实践中不断成长。这样不但能够帮助他们熟练掌握计算机的使用，还要让他们学习外语以及网络知识，如国内外各种在线检索与网络技术等，此外还应该拥有网络维护以及软件开发的能力。为此，要不断地强化在职人员的培训工作，提升图书馆工作人员的团队意识、业务素养以及工作能力。

6. 信息资源共建共享

图书馆信息资源的整合和开发运用需要走上合作开发的道路，形成共享共建的途径。这种协作和共享的方式可以提高信息资源的利用效率和质量，减少资源浪费，促进信息资源的交流和传播。

三、数字图书馆资源积累模式优化策略

高校的数字图书馆在整体建设过程中需要提升网络信息资源的服务能力，这是现阶段高校图书馆在发展过程中的核心目标。积极促进数字资源的积累与实现，是现阶段高校数字图书馆在建设工程中的主要任务。信息资源的价值在于被使用，不同机构或个人需要将自己的信息资源分享给其他人，以便更多的人能够使用和受益。

通过数字资源累积形式的运用，需要考虑到图书馆的实际现状，使资源积累模式的优势得以发挥，弥补自身存在的问题，这样才能促进信息资源建设不断得到优化。本文通过对比分析不同的资源累积模式，聚焦于实际的工作经验，对于高校数字图书馆的累积模式的优化途径进行阐述。

（一）资源积累模式

图书馆的整体资源累积形式可以划分为自建数据库资源、商业化数据库资源和图书馆之间共享的数据库资源等，而自建数据库是工作人员把馆藏内部的资源进行数字化处置，或者把馆藏的数字化资源直接整理在一起，然后收录到数据管理系统，从而形成有形资源，例如光盘、学位论文、影音数据等等。商业化数据库是数字图书馆购买的形式，从信息服务企业购买到的资源。因为数字图书馆只拥有商业化数据库的运用权，但是没有所有权，所以商业化的数据库资源是无形资源，例如知网和万方等。馆际共享资源是高校图书馆与其他图书馆进行资源共享合作，从而获得数字资源，也是数字图书馆自建的资源库馆藏资源的共享。一般情况有两种，一种是自建和共享，另一种是共享与自建。互联网中也有各种各样的免费资源，这些都需要图书馆内的工作者运用搜索、运用整理等多种形式对资源进行获取和累计，这也是高校图书馆资源累积的主要方式之一。

（二）资源积累方式特点

购买资源和网络搜索资源等方式，都能够促进资源的有效累积，然而不同的资源累积形式也具有相应的优势与劣势。运用人力投资、资本投资和数据运用等多种方式，通过对比分析的方法，对这些资源累积的形式特征进行分析，通过分析可以得知自荐、购买和考试等各种资源累积方式存在着一定的问题，以馆际资源共享模式以及馆际合作和自建资源库累积为核心，可以依照高校数字图书馆自身的特征以及实际运用情况对资源进行合理的优化。

（三）资源积累模式优化策略

1. 自建数据库

资源库的资源既是高校数字图书馆建设能力的标志，也是馆际合作以及资源共享的基础，所以自建数据库要成为数字化图书馆资源积累的首要方式，数字图书馆对自建数据库进行完善的时候，需要考虑到以下几点。

第一，根据高校的教育或科研特征，以及校内图书馆的特色，关注特色数据库建设。特色数据库资源是与其他高校的数字图书馆进行区别的关键，也是能够吸引更多读者的关键。在工作人员数量有限的环境下，则需要更为关注对校内读者所需的特色数据库建设，这样才能更好地为读者提供服务，还能防止数据库重复建设的问题。

第二，完成管道数据资源的整理以及入库工作。不断提升自建数据库的工作效率。光盘、学术论文和各种演艺资源则不需要开展数字化处置，通过简单整理就可以直接归入到自建数据库之中，这样就能够提高资源积累效率。

第三，关注互联网资源的收集以及处理，使自建数据库中的资源数量不断丰富。

2. 购买数据库

商业化数据库具有内容丰富，服务稳定，数据可靠等优势，是高校数字化图书馆资源的有效补充。针对高校图书馆这种非营利机构而言，保证满足读者需求并最大程度减少资金投入是购买商业化数据库的基本原则。在购买商业化数据库的时候要考虑以下几点。

（1）重视读者调查与决策

高校数字图书馆购买商业化数据库的时候，需要首先试用，然后再购买。在购买前应运用调查分析模式，对数据库内容的丰富度、服务稳定度进行评价，按照评价的结果再决定是否需要购买这个数据库，这样能够彰显出数字图书馆以人为本原则与将读者作为核心的服务理念，防止随意购买商业化数据库导致的资金浪费。

（2）避免重复购买

现阶段相同种类的商业化数据库各种各样，为保证高校数据库内容丰富完整且保持稳定的状态，应防止同一种类型的数据库重复购买，导致资金浪费。

（3）合理统计读者数量

在商业化数据库购买过程中，读者数量与资金投入一定要保持正比，因此针对读者的访问情况一定要及时记录并进行统计与分析，这些都会直接影响到最终决策。合理决策不但能够提升购买的商业化数据库的运用效率，还能节约资金。

3. 馆际共享数据库

馆际共享数据库是一种较有效率的资源累积形式，既能够满足读者需求，也是现阶段高校图书馆资源累积的主要方式。馆际合作以及自建数据库资源的累积，能够让资源共享的前提得以实现。在高校数字图书馆建设过程之中，为了能够提升馆际交流以及实现资源共享的效率，就需要关注以下几点：第一，强化高校数字图书馆的建设工作，使特色数据库资源的累积工作高质量完成。高校的数字图书馆资源累积工作，要确保读者服务工作的稳定度，运用数据库网络信息资源的服务能力，就能够吸纳更多的图书馆与其进行交流合作，让图书馆之间实现资源共享；第二，高校图书馆之间的沟通交流能够营造良好的形象与氛围，图书馆之间的沟通交流能够促进双方的合作，在建设过程之中，图书馆应该关注和其他数字图书馆之间的信息沟通与交流，为后续图书馆之间的沟通合作打好基础。第三，要积极和其他高校图书馆展开合作，共同打造特色数据库，因为一所大学图书馆建设特色数据库的能力有限，而与其他高校展开合作，共同打造特色数据库，这样既能够节约人力资源，还能够使资源累积更加高效。

4. 整合互联网资源

检索互联网资源会耗费读者大量的时间与精力，从而直接影响到读者获取信息资源的体验。所以，高校数字图书馆应该强化网络导航系统的建设。数字资源高效累积是提高数字图书馆网络信息服务能力的根本前提。数字图书馆在强化特色数据库建设以及提升自建数据库效率的时候，也要积极地运用不同图书馆之间的沟通合作，让高校之间的数据库能够达到资源共享，并且要严格依照商业化的数据库资源采购流程，提升商业化数据库的运用效率，有效地减少资金的投入，最终对传统的积累模式进行优化。

第三节　数字图书馆的安全管理优化路径

一、数字图书馆网络安全管理

（一）影响数字图书馆网络安全的因素

数字图书馆是一种利用数字技术和网络技术为读者提供文献信息服务的机构，数字图书馆的发展对于推动信息化建设和实现数字化社会具有重要的意义。然而，随着数字图书馆的不断发展，数字图书馆网络安全问题也日益凸显。

1. 网络攻击与黑客行为

网络攻击和黑客行为是数字图书馆网络安全面临的较大威胁。黑客行为主要指未经授权的入侵行为，其目的是获取敏感信息、破坏系统、造成不可逆的损失。网络攻击则包括各种形式的恶意攻击，如网络钓鱼、木马病毒、拒绝服务攻击等。这些攻击方式对数字图书馆的网络系统、数据库、网络设备等都会造成不可逆的影响，甚至会导致读者个人信息泄露等严重后果。

2. 不合理的网络安全管理

数字图书馆的网络安全管理是数字图书馆保障网络安全的基础。如果数字图书馆网络安全管理不合理，将导致网络安全风险的增加。数字图书馆网络安全管理需要对网络设备进行有效的管理和维护，包括网络设备安装、配置、维护等方面的工作。同时，数字图书馆需要制定完善的安全策略和安全管理制度，确保网络安全管理的顺畅实施。

3. 信息安全意识薄弱

数字图书馆的读者、管理员等相关人员信息安全意识薄弱，也是数字图书馆网络安全面临的一个重要问题。在信息安全方面，数字图书馆的读者、管理员等人员需要具备较高的安全意识和能力，特别是需要了解基本的网络安全知识、密码安全、账户安全等方面的知识。否则，就会造成个人信息泄露、网络设备受到攻击等安全问题。

4. 网络设备安全漏洞

数字图书馆的网络设备中存在安全漏洞也是数字图书馆网络安全的一个重要问题。这些漏洞可能是由于软件漏洞、硬件漏洞等因素导致的。如果不及时修补这些安全漏洞，黑客可能会利用这些漏洞对网络设备进行攻击，导致网络安全风险的增加。

5. 缺乏完善的网络安全保障机制

数字图书馆缺乏完善的网络安全保障机制是影响数字图书馆网络安全的重要因素。数字图书馆需要建立完善的网络安全保障机制，包括防火墙、入侵检测系统、数据备份系统等，以确保数字图书馆的网络系统不会受到攻击或损失。此外，数字图书馆还需要对网络系统进行定期的安全评估和漏洞扫描，及时发现和修复可能存在的安全问题。

总之，数字图书馆网络安全面临的问题较多，涉及到技术、管理、人员等多个方面。数字图书馆需要采取一系列有效的措施来保障网络安全，包括加强网络安全意识教育、加强网络安全管理、完善网络安全保障机制等，以确保数字图书馆的网络系统安全、稳定、可靠地运行。

（二）解决网络安全问题的应用对策

数字图书馆网络安全问题的解决需要综合运用多种技术手段和管理策略，下面列举几种应对策略。

1. 加强网络安全意识教育

数字图书馆应加强对读者、管理人员等相关人员的网络安全意识教育，提高他们对网络安全的认识和意识，使他们了解网络安全的重要性和危害性。加强网络安全知识的培训，使他们能够掌握基本的网络安全知识和技能。

2. 建立完善的网络安全管理制度

数字图书馆应建立完善的网络安全管理制度，制定科学的安全管理规章制度，完善网络安全管理部门和专职人员，对数字图书馆网络系统的安全管理进行全方位、全流程的管理和监控，及时识别、分析和处置网络安全事件，确保数字图书馆网络系统的安全运行。

3. 防范网络攻击和黑客行为

数字图书馆应采取多种措施防范网络攻击和黑客行为，包括使用高效的网络安全防护软件和硬件设备，增强安全防范能力，对网络系统进行漏洞检测和修复，加强对外部网络的监控和管理，限制网络访问权限，确保敏感信息不被非法获取。

4. 定期备份数据和系统

数字图书馆应定期备份数据和系统，确保在网络攻击或其他安全事件导致数据丢失的情况下，能够恢复到最近的备份状态，减少信息丢失的损失。

5. 建立网络安全事件响应机制

数字图书馆应建立网络安全事件响应机制，明确网络安全事件的等级和分类，对各种网络安全事件建立相应的应急预案和处置流程，以便在网络安全事件发生时快速响应和处置。

数字图书馆需要采取一系列有效的措施来保障网络安全，包括加强网络安全意识教育、建立完善的网络安全管理制度、防范网络攻击和黑客行为、定期备份数据和系统、建立网络安全事件响应机制等，这些措施可以有效提高数字图书馆网络系统的安全性和稳定性，保障数字图书馆的正常运行。

（三）数字化图书馆网络安全的保障措施

建立数字图书馆网络安全保护措施的目的是确保经过网络传输和交换的数据不会发生增加、修改、丢失和泄露等，从而为各类用户提供安全可靠的网络资源，更好地发挥网络的优势，使馆藏资源可以不受时间、空间的限制，图书馆建设才能真正朝着数字化的方向迈进。为确保网络安全，可从网络层、系统层和应用层三方面着手采取防护措施。

1. 网络层的安全防护

网络层的安全保护首先是对网关的防护，通过设置边界防火墙达到访问控制、状态包检测、集中式管理、网关入侵检测和报警、网络地址转化（NAT）、流量审核日志等作用。其次是对内网网络层的防护。内网网络层防护由网络入侵监测系统和内网防火墙来共同完成。在检测到入侵行为或异常行为后，网络入侵监测系统的控制台就会实时显示，并根据预先定义的事件响应规则报警，同时将报警信息写入日志，以备审计核查。第三是对主机的防护。主机防护由主机防火墙和主机入侵检测产品完成。安装在被保护主机的操作系统上，并嵌入到操作系统的核心层。

2. 系统层的安全防护

要使用漏洞扫描技术，定期扫描操作系统和数据库系统的安全漏洞与错误配置，尽早采取补救措施，避免各种损失。同时，应加强口令的使用，及时给系统打补丁。还要增强访问控制管理，包括对文件的访问控制提供读写、执行权限以及建立、搜索、删除、更改和控制等权限；对计算机进程提供安全保护，防止非法用户启动或制止关键进程；控制对网络和端口的访问。最后，应注意对病毒的防范和提供对重要的数据库服务器和 web 服务器的专门保护。

3. 应用级的安全保护

应用级的安全保护是指安全管理。加强对用户的安全管理十分重要，应制定健全的安全管理体制、构建安全管理平台、增强用户的安全防范意识等，提高全体工作人员的网络安全意识。

二、数字图书馆信息安全管理

随着数字图书馆信息量的增多、数字化资源管理和服务的深化，数字图书馆带给人们信息共享服务的同时，其安全问题也凸现出来，如数据丢失、信息泄密、系统瘫痪、网络堵塞等，严重影响着数字图书馆建设与发展。作为一个信息系统，信息是数字图书馆的支柱。信息安全是数字图书馆正常运行发展的关键，也是其顺利提供服务的保证。另外，信息安全还是保护数字图书馆相关各方权益的需要。信息安全问题伴随着数字图书馆建设和发展的始终，并有加重之势，所以，如何保障数字图书馆信息安全已成为数字图书馆建设和发展的核心问题之一。

（一）数字图书馆信息安全理论研究

数字图书馆信息安全是指数字图书馆中的信息不受非法访问、篡改、破坏等危害的状态。为了保障数字图书馆的信息安全，需要在理论上进行研究，探索数字图书馆信息安全的理论基础和保障措施。

1. 信息安全概念与要素

信息安全是一个广泛的概念，它涉及到多个要素，如机密性、完整性、可用性、可靠性等。研究数字图书馆信息安全理论需要对这些概念和要素进行深入的研究和探讨，明确其含义和相互关系。

2. 信息安全威胁与风险评估

数字图书馆信息安全存在着各种威胁，如黑客攻击、病毒侵袭、网络钓鱼等。为了保障数字图书馆的信息安全，需要对这些威胁进行评估，并制定相应的防护措施，防范信息安全风险。

3. 信息安全保障技术

信息安全保障技术是保障数字图书馆信息安全的关键。数字图书馆可以采用各种技术手段来保障信息安全，如访问控制技术、加密技术、安全审计技术等。需要对这些技术进行深入的研究和应用，确保数字图书馆信息安全的有效性。

4. 信息安全管理制度

信息安全管理制度是数字图书馆保障信息安全的基础。数字图书馆需要建立完善的信息安全管理制度，包括组建专门的信息安全管理机构、制定信息安全管理规定和流程、定期开展信息安全培训和演练等，从而建立一套有效的信息安全管理体系。

5. 信息安全意识培养

信息安全意识是数字图书馆信息安全的重要保障。数字图书馆需要加强信息安全意识的培养，包括开展信息安全知识普及教育、加强信息安全培训、建全信息安全意识制度等，使相关人员能够了解信息安全的重要性和危害性，从而提高他们的信息安全意识和防范能力。

数字图书馆信息安全理论研究是保障数字图书馆信息安全的重要基础。数字图书馆信息安全理论研究需要涉及多个方面，包括信息安全概念与要素、信息安全威胁与风险评估、信息安全保障技术、信息安全管理制度、信息安全意识培养等。这些方面都需要深入研究和探讨，以确保数字图书馆信息系统的安全性和稳定性。

数字图书馆信息安全理论研究还需要与数字图书馆实际情况相结合，制定适合数字图书馆的信息安全管理策略，以便更好地保障数字图书馆信息系统的安全运行。例如，数字图书馆可以采用虚拟专用网络（Virtual Private Network，简称 VPN，是一种通过公共网络建立安全连接的技术。）建立安全的远程访问渠道，加强网络访问控制、数据备份与恢复等措施，防范网络攻击、数据泄露等安全威胁，提高数字图书馆的信息安全防护能力。

数字图书馆信息安全理论研究是保障数字图书馆信息系统安全性和稳定性的重要基础，需要对其加强研究和应用，制定有效的信息安全管理措施和技术手段，加强信息安全意识教育和培训，从而建立完善的信息安全管理体系，确保数字图书馆信息系统的安全运行。

（二）数字图书馆信息安全策略

安全策略描述的是组织为保护信息系统要实现的安全目标，以及实现这些安全目标所运用的手段、采用的途径，保护对象的安全优先级等方面的内容。安全策略制定的目的在于减少信息安全事故的发生，将信息安全事故的影响与损失降到最低。

数字图书馆作为一种数字化信息资源库，其信息安全面临的风险与挑战也在不断增加。为了保障数字图书馆信息的安全性，需要采取一系列的信息安全策略。

1. 建立完善的安全管理制度

数字图书馆应建立一套完善的安全管理制度，明确安全管理职责和权限，制定安全管理规范和流程，加强安全措施的管理和监督，保障数字图书馆信息系统的安全和稳定运行。

2. 加强访问控制

数字图书馆应建立访问控制机制，对不同用户建立不同的访问权限，限制访问范围，防止未经授权的用户访问或修改敏感信息，从而保障信息的机密性和完整性。

3. 强化数据加密

数字图书馆应采用数据加密技术，对重要数据进行加密存储，加强数据的保密性和完整性。此外，数字图书馆还应加强网络通讯加密，确保网络通讯过程中数据不被窃取或篡改。

4. 加强网络安全防护

数字图书馆应采取多种安全防护措施，如安装防火墙、入侵检测系统、病毒防护软件等，增强网络安全的防御能力，减少网络攻击和恶意软件的威胁。

5. 定期备份数据和系统

数字图书馆应定期备份数据和系统，确保在数据丢失、系统故障等情况下，能够快速恢复信息系统正常运行，减少信息损失。

6. 加强信息安全意识教育和培训

数字图书馆应加强信息安全意识教育和培训，提高相关人员的信息安全意识和能力，减少人为失误和疏忽带来的安全风险，确保数字图书馆信息的安全性。

综上所述，数字图书馆信息安全策略包括建立完善的安全管理制度、加强访问控制、强化数据加密、加强网络安全防护、定期备份数据和系统、加强信息安全意识教育和培训等多个方面的措施，这些措施可以有效保障数字图书馆信息的安全性和稳定性。

（三）数字图书馆信息安全技术体系

数字图书馆信息安全技术体系是指数字图书馆在信息安全管理中所采用的一系列技术和措施，以确保数字图书馆信息系统和数据的安全性、完整性和可用性。

1. 访问控制技术

访问控制技术是数字图书馆信息安全技术体系中的重要组成部分，它可以控制用户访问数字图书馆信息系统和数据的权限，保护系统资源和数据的安全性和完整性。访问控制技术包括身份验证、访问控制、审计和报告等功能。

2. 数据加密技术

数据加密技术是数字图书馆信息安全技术体系中的重要技术措施，它可以通过对敏感信息进行加密，保证数据在传输和存储过程中不会被非法获取或篡改。数据加密技术包括对数据加密和解密的算法和密钥管理等方面的技术。

3. 网络安全技术

网络安全技术是数字图书馆信息安全技术体系中的另一个重要组成部分，它可以对数字图书馆网络进行安全防护，保障网络的安全和稳定。网络安全技术包括入侵检测、防火墙、反病毒、反垃圾邮件等技术手段。

4. 数据备份和恢复技术

数据备份和恢复技术是数字图书馆信息安全技术体系中的重要技术措施，它可以对数字图书馆的数据进行备份和恢复，防止数据丢失和系统故障对数字图书馆的影响。数据备份和恢复技术包括数据备份、数据恢复和容灾备份等方面的技术。

5. 安全管理和监控技术

安全管理和监控技术是数字图书馆信息安全技术体系中的另一个重要组成部分，它可以对数字图书馆信息系统和网络进行安全监控和管理，及时发现和处理安全事件，保障数字图书馆信息系统的安全和稳定运行。安全管理和监控技术包括安全审计、安全管理、安全培训和意识教育等方面的技术。

6. 信息安全意识教育技术

信息安全意识教育技术是数字图书馆信息安全技术体系中的重要组成部分，它可以对数字图书馆的工作人员进行安全意识教育，提高员工的安全意识和防范能力，有效保护数字图书馆信息系统和数据的安全。信息安全意识教育技术包括以下几个方面：

（1）开展安全意识教育活动

数字图书馆应定期组织安全意识教育活动，向工作人员宣传信息安全政策、安全管理规范和流程等信息安全知识，增强员工的安全意识和防范能力。

（2）制订安全教育培训计划

数字图书馆应制订安全教育培训计划，对工作人员进行安全培训，提高工作人员的安全意识和技能水平，增强安全防范能力，从而有效保障数字图书馆信息系统和数据的安全。

（3）加强安全知识普及

数字图书馆应加强安全知识普及，包括信息安全政策、网络安全、密码安全、病毒防范等方面的知识。通过各种方式，如宣传栏、安全手册、网络平台等，向工作人员普及相关安全知识。

（4）建立安全意识评估机制

数字图书馆应建立安全意识评估机制，对工作人员的安全意识进行评估，了解员工对安全政策和安全管理的理解程度和掌握情况，并针对评估结果进行相应的改进和完善。

（5）强化安全文化建设

数字图书馆应强化安全文化建设，鼓励员工积极参与安全管理工作，形成安全意识和安全责任的共识，提高员工对信息安全的重视程度和自觉性。

信息安全意识教育技术是数字图书馆信息安全技术体系中的重要组成部分，数字图书馆应加强安全意识教育，提高员工的安全意识和防范能力，从而有效保障数字图书馆信息系统和数据的安全。

第三章　数字图书馆管理理念的创新

第一节　相对传统图书馆信息服务的变革

一、信息服务业概述

信息产业根据实际结构可以划分为信息技术制造业和信息服务业等。依照信息服务业的相关发展历史可以划分为传统信息服务业和全新的信息服务业，也就是电子信息服务业。因此，对图书馆的信息服务而言，它是传统的信息服务，除此之外由于计算机技术和通信技术的飞速发展，当前的传统信息服务业以及新兴的技术都开始相互促进，相互融合与渗透，满足了电子服务业的需求，而图书馆的信息服务是社会信息服务业中不能缺少的一部分。

（一）信息服务业的概念及类型

信息服务业是指服务提供者以独特的策略和内容帮助信息使用者解决问题的经济行为，包括生产行为、管理行为和服务行为。

信息服务业的整体划分需要将信息服务的生产线作为核心，并将服务的特点作为服务业的定性规定。信息服务整体生产过程和信息生产过程并不相同，也不和信息产品生产过程相同，而是信息服务产品和实际服务的生产过程，就是说在相应的生产背景下，信息与产品是劳动开展对象，针对信息技术等各种劳动资料的运用，通过调查分析与研究等多项环节，最终构建成为信息服务商品，确保信息服务商品在用户运用过程中能通过提供、咨询或经纪等具体行为，解决实际问题，各个方面和环节缺一不可。

在准确理解和把握信息服务业的生产过程特性的基础上，并借鉴其他国家的经验。按照《国民经济行业分类与代码》（GB/T4754T4）把信息服务业分为社会调查业、信息处理业、信息提供业、电信服务业、咨询业、经纪业、公共信息服务业和其他信息服务业等 8 类。

信息服务业是信息资源开发利用实现商业化、市场化、社会化和专业化的关键。信息服务业包括系统集成、增值网络服务、数据库服务、咨询服务、培训维护、电子出版、展览展示等业务。信息服务业是信息产业的软组成部分。信息服务业属于第三产业，是连接信息设备制造业和信息用户的中间产业。对生产和消费的带动作用大，产业关联度高。发展信息服务业有助于扩大信息设备制造业的需求，增加信息用户的供给。

（二）网络信息服务业的界定

网络信息服务是今后信息服务业未来的发展方向，它可以运用互联网技术促进信息的跨时空传递，从而极大程度上使信息资源达到共享，提升开发运用效率，让信息服务的整体速度和空间范围都达到了最佳状态。它的出现和发展推动了整个信息服务业的发展，促进了整个信息产业的成长，改变了人们获取信息的习惯和方式。它正在改变商家宣传和销售产品的方式和模式，改变整个世界。全面总结网络信息服务业的构成，探索其服务模式，有利于促进人们进一步认识网络信息服务及其模式，进而推动网络信息服务业的创新和发展。

1. 网络信息服务的界定

第一，数字图书馆的网络信息服务提供了方便的、高效的、全球范围的信息资源获取和共享，使读者可以在任何时间和任何地点访问这些资源，从而极大拓展了读者的信息获取渠道和知识储备。数字图书馆的网络信息服务包括检索服务、浏览服务和存储服务等。检索服务提供不同形式和不同主题的文献检索服务，帮助用户快速准确地查找所需的资源。浏览服务提供在线浏览、阅读和下载电子资源的服务，使用户可以方便地获取所需的信息。存储服务提供数字化资源的存储服务，为读者提供长期的、可靠的资源保存和访问保障。

第二，从网络信息服务者的角色看，网络信息服务的提供者主要有如下几类：

一是媒体运营商。主要面对普通的上网用户提供免费信息服务，例如各类新闻、广告、网页和网站搜索、聊天室、免费邮箱、QQ、博客等。

二是数据库运营商。主要面对上网进行专题信息检索的专业人士。如传统的信息查询和联机检索服务商，数据库运营商提供的信息内容主要是按专业领域分类的各种统计数据、文献书目和论文期刊等。

三是信息咨询商。主要是为企业界提供战略规划和决策咨询服务。他们占有大量知识信息，通过对大量信息的分析研究为组织、个人提供咨询服务。例如信息咨询商在互联网上能为企业提供竞争情报、进行人员培训、提供战略规划和决策支持研究报告等。

四是信息发布代理商。信息发布代理商是传统的信息中介代理在互联网上展开代理撮合的一种新的业务方式。网络信息发布代理商在互联网上为交易主体提供方便的双向信息发布环境，如网上求职系统等。

第三，站在网络信息整体服务角度进行分析有以下几类：

一是传统的信息服务是在网络背景下运用的，包括文件检索服务、文献传递服务、网络思考服务、光盘检索服务等。

二是全新的网络信息服务基础，网络信息服务包含了搜索引擎服务、社交媒体服务、电子邮件服务与在线信息服务等。数据检索库服务主要是联机数据库服务等。搜索引擎服务是搜索引擎给用户提供相应的网络信息资源，从而开展的检索服务，可以划分为目录搜索服务、检索型搜索服务、元搜索服务等。网站的信息资源导航服务是由专门的机构使用，网上现有的导航引擎，将某个主题相关的站点融合在一起，然后使这些资源能够直接提供给用户进行检索，信息推送服务的核心就是运用推送技术自主去搜索互联网中用户可能感兴趣的信息内容，这是一种全新的运用个性化定制的自动传送，拥有频道式传送、电子邮件传送、专用式传送多种形式。数字图书馆服务的含义是运用现代化技术建设的数字信息资源建设系统。

2. 网络信息服务业的范畴

根据上述论述，对网络信息服务有了比较基础的一个概念框架的认识，为了系统全面展现网络信息服务业的全貌，在这里对网络信息服务业的范畴总结如下。

（1）电子商务

电子商务（Electronic Commerce，简称 E-commerce）是利用互联网、移动互联网、无线网络等电子通信技术，在虚拟的商业环境中进行商业活动和交易的一种商务模式。电子商务是指通过电子手段（如互联网等）开展商业活动的一种方式，包括在线购物、在线支付、在线客服、在线营销等。

电子商务是现代商业的一种新型模式，它的发展带来了诸多商业机会和变革。相比传统的实体商业模式，电子商务具有以下几个优势。

开放性和全球性：电子商务不受时空限制，商家可以在全球范围内开展业务和交易。

低成本和高效率：相对于传统实体商业，电子商务具有较低的成本和高效率，可以实现信息和物流的快速传输和处理。

便捷性和个性化：电子商务允许消费者在家中或者办公室等地方进行在线购物、在线支付等操作，具有很高的便捷性和个性化。

交互性和信息透明度：电子商务允许商家和消费者之间进行实时交流和互动，可以实现信息的透明度和交流的实时性。

随着互联网和移动互联网的普及，电子商务已经成为了商业发展的重要组成部分，对于企业和消费者来说，电子商务已经成为了一个不可或缺的商业模式。

（2）电子政务

电子政务（Electronic Government，简称 E-government）是指政府机构运用信息与通信技术和电子商务技术，通过互联网和其他数字化手段，向公民、企业和其他政府机构提供更加高效、透明、互动的公共服务和政府管理服务的一种现代化行政管理方式。

电子政务是指政府机构利用互联网、移动互联网和其他现代信息技术手段，将政府服务和信息资源电子化、网络化、智能化，以达到更好地服务于公众和推进政府治理的目的。电子政务是政府向公众提供更加高效、透明、互动的公共服务和政府管理服务的一种现代化的行政管理方式，其目的在于提高政府的效率和公众的满意度。

电子政务的应用范围涵盖政府行政管理、公共服务和社会治理等领域，包括政务服务、信息公开、电子投票、数字签名、数字证书、电子商务等，涉及政府各个部门和机构的管理和服务。通过电子政务，政府可以实现信息共享、业务协同、流程优化等多种目标，提高政府管理水平和服务质量，增强公众的信任和满意度，推动数字化、智能化的政府治理模式的建立和发展。

（3）数字图书馆服务

数字图书馆是以各种媒体形式提供丰富有序的数字信息的机构。它利用先进的数字技术，将分散在不同载体、不同物理位置的信息资源通过互联网以数字形式存储起来，以网络方式提供使用。用户直接运用计算机终端网络化的形式，就可以在随意的一个地点找到自己所需要的信息，而服务的形式主要包含了图文信息服务、电子出版物发行、电子邮件服务与文献传递、网络目录公共查询等多项服务。

（4）网络数据库服务

网络数据库服务也属于网络信息服务的核心，构成数据库的生产人员，把已经开发的商品放在互联网上，让用户自主进行网络检索，这样就可以使检索的费用降低，提升竞争力。比如，各种各样的商业数据库、学术期刊和论文数据库等运用网络的形式都能够开展有偿或无偿服务。

（5）电子出版业

电子出版业（Electronic Publishing，简称 E-publishing）是指利用数字化技术和网络通讯技术，在数字化环境中对出版内容进行创作、编辑、制作、传播和销售的一种出版业务。电子出版业已经成为现代出版业发展的重要组成部分，它具有以下几个特点：

数字化生产：电子出版业通过数字化技术，将传统纸质出版物转换为电子版，包括电子书、数字音乐、数字影像等。

多样化出版：电子出版业可以实现出版物的多样化，包括数字图书、电子杂志、网络连载小说等，能满足不同读者的需求。

全球化分销：电子出版业可以通过网络技术实现全球范围内的销售和分发，大大拓展了出版物的销售渠道。

可定制化内容：电子出版业可以根据读者的需求和偏好，为读者提供个性化的阅读体验，提高出版物的价值和竞争力。

电子出版业在数字化时代的出版业中扮演着越来越重要的角色。随着数字化技术的不断发展，电子出版业也在不断创新和发展。同时，电子出版业也面临着一系列的挑战，如版权保护、内容质量控制、盗版等问题，这些问题需要出版业、技术提供商和政府等各方共同努力来解决。

（6）网络信息咨询业

网络信息咨询指信息咨询顾问以及用户直接用各种各样的网络信息内容传递和沟通，实际是信息咨询顾问面对用户的实际信息需求，运用各种各样的网络检索以及加工处理，从而对于信息内容进行传递，构建一个信息咨询报告，并且提供给用户运用。

（7）ISP / ICP

ISP（Internet Service Provider），即互联网服务提供商，是指提供互联网接入、网络通讯和相关服务的企业或组织。ISP 通常向用户提供有线宽带、无线宽带、数据中心托管、虚拟专用网、域名注册等服务。用户可以通过 ISP 接入互联网，进行网上冲浪、电子邮件、在线聊天、网络游戏、在线视频、网上购物等各种互联网应用。

ICP（Internet Content Provider），即互联网内容提供商，是指在互联网上向公众提供各种信息和服务的企业或个人。ICP 通常提供互联网上的各种信息内容和在线服务，包括门户网站、电子商务网站、博客、微博、在线新闻、在线音乐、在线视频等。ICP 需要注册域名，并承担网站的建设、维护、更新、推广和运营等工作。ICP 需要进行备案，以便监管和管理互联网上的内容和服务。

二、传统图书馆信息服务现状

步入 21 世纪的信息时代，互联网技术与数字技术的飞速发展和广泛的运用，也使信息资源结构和信息处置的基础出现了巨大的转变。数字图书馆是知识与信息的融合。在传统纸质资源图书馆和电子图书馆的共存阶段，整合了印刷、电子和远程的各种各样的信息资源的网络背景下，人们可以获取与运用知识的方式也出现了巨大的转变。传统图书馆的服务形式受到了巨大的冲击，图书馆的信息服务对象在服务资源内容、服务方式和服务人员上，都开始产生巨大的变化。

（一）传统图书馆信息服务面临社会信息服务业的冲击

随着互联网和数字技术的发展，图书馆面临着来自各种信息服务提供者的竞争，如电商平台、在线图书馆、数字图书馆等。这些新型服务提供者通过数字化和互联网技术，提供更加便捷、快速、个性化的信息服务，对传统图书馆读者的吸引力不断增强。

读者对信息服务的需求不再局限于纸质图书，而是更加注重多样化的信息资源和服务。信息服务的模式也在不断变化。传统图书馆的服务内容和形式相对单一，难以满足读者的多样化需求。新型服务提供者通过数字化技术实现线上服务，使得信息获取更加便捷和快速，而传统图书馆的服务模式相对滞后，难以满足读者的需求。传统图书馆的信息服务面临着来自社会信息服务业的冲击，需要不断创新和改进服务，提高服务质量和水平，以适应时代的发展和读者的需求。

（二）传统图书馆信息服务与网络时代的要求不相适应

服务内容的单一性。传统图书馆主要提供纸质图书和期刊等传统文献资源，而在网络时代，信息资源的形式和种类变得更加多样化，例如电子书、数字化档案、多媒体资源等。传统图书馆的服务内容相对单一，无法满足读者对多样化信息资源的需求。

服务模式的限制性。传统图书馆的服务模式主要是读者到图书馆内借阅或阅览纸质图书和期刊等文献资源，这种服务模式具有一定的限制性。例如读者需要到图书馆内借阅，不能在家中或其他地方方便地访问和利用图书馆的资源。

服务效率的低下。传统图书馆的服务效率相对较低，需要读者到图书馆内借阅或阅览，而且借阅的数量和借阅期限也存在一定的限制。这种服务模式在网络时代显得效率低下，难以满足读者快速、便捷地获取信息的需求。

服务的个性化和定制化程度不足。在网络时代，人们对信息服务的个性化和定制化需求越来越高，而传统图书馆的服务往往是标准化的，无法根据读者的个性化需求提供相应的服务。

三、信息服务与数字图书馆

（一）网络时代与数字图书馆的创建

1. 信息服务的市场竞争呼唤数字图书馆的出现

互联网是当今最具发展前途的生产力。随着网络经济的发展，信息服务市场竞争日益激烈，网站竞争、网上书店竞争、文献信息服务竞争导致了新浪网、亚马逊书店、中国期刊网等一批信息服务品牌的出现。传统图书馆要创新服务模式，加强数字化建设，建立数字图书馆、数字化档案馆、数字化阅读室等，以适应数字化时代的需求。

2. 互联网交流平台拓展了数字图书馆服务空间

传统图书馆由于受地理位置限制，只能为一定空间内的读者服务，读者也主要利用较近的图书馆。互联网交流平台的出现，打破了图书馆服务的局限性，使数字图书馆可以通过网络为世界各地的用户提供服务。网络信息服务商众多，如何能将人们的注意力集中到图书馆服务上来，数字图书馆将起到引导效应，因为它会吸引最大限度的消费力和需求，甚至引导、创造需求和消费。

3. 网络信息杂、乱、滥，使用户迫切需要数字图书馆的优质服务

互联网上充斥着大量信息，由于各种信息混杂，人们在查找所需信息时往往不知从何下手，加上对信息资源组织机构不熟悉，结果是花费了大量的时间却没有找到急需的资料。网络信息的泛滥使用户迫切需要有人能做自己的信息助手，在自己最需要的时候提供及时、准确、全面的信息服务。数字图书馆应占领这块阵地，通过提供优质信息服务塑造图书馆良好形象。

（二）数字图书馆信息服务的内涵

不论图书馆发展到何种形态，复合图书馆也好，数字图书馆也好，其本质都是提供服务以满足读者对文献、信息、知识的需求，服务永远是图书馆的主题。社会的人与人之间，群体与群体之间通过服务维系着彼此的存在与发展，而作为文化信息机构的图书馆，社会文献信息中心的性质决着图书馆以服务社会、服务读者为根本宗旨，图书馆各项工作的出发点和归宿都立足于服务。可以说，服务是图书馆社会存在的前提，是检验图书馆办馆效益的唯一标准，也是评估图书馆工作的最重要指标。

进入信息社会以来，图书馆的馆藏不再仅仅局限于书刊，视听资料、电子出版物、数据库和网络信息资源也作为馆藏入驻图书馆。图书馆提供服务的内容基础不断扩大与丰富，与此同时也增加了人们查找自己所需资料的时间，人们渴望从图书馆获得更多样化、更高质量的服务。因此，图书馆服务的内容便由传统文献服务转变为现代信息服务。

图书馆作为知识集散地，提供优质服务责无旁贷。因此，发展数字图书馆就应以服务为切入点，提供优质服务。例如，提供更专业的参考咨询服务、更丰富的藏书、更好的阅读环境等。图书馆所提供的信息服务质量也有高低优劣之分，数字图书馆依靠的是优质信息服务，那么什么是优质信息服务？一般倾向于把它界定为个性化服务、精品化服务、特色化服务、远程化服务和时效性服务，即四化一性服务的整合。

1. 个性化服务

在网络化时代，人们对信息的需求具有鲜明的个性特征，这是由于其知识背景、职业背景、环境背景等不同所形成的。人们带着个性化的需求利用数字图书馆，数字图书馆便需要提供个性化服务以迎合这种需求。个性化信息服务是指能够满足用户的个人信息需求的一种服务，它根据用户的特性提供具有针对性的信息内容或系统功能。通过设定网上信息的来源方式、表现形式、特定网上功能及其他网上服务方式等，主动地向用户提供其可能需要的信息服务。可以看出，数字图书馆提供的个性化信息服务具有显性含义：根据个性化的用户提供个性化的信息，即服务的针对性。同时它也具有隐性含义：并不停留在用户所需要的直接信息上，而是同时提供相关信息，这些信息是用户可能需要但其还没有意识到的，可以说这是服务的拓展性。由于网络的迅速发展，个性化服务必将成为数字图书馆与用户相互交流的有效渠道。用户通过网络向图书馆提交信息需求，图书馆员作为信息导航员通过网络传送用户所需求的信息，在多次的信息交流过程中实现信息服务的个性化。

2. 精品化服务

互联网已经构成了人类有史以来最大的信息资源系统，信息资源多以数据库、超文本、多媒体等电子形式存在，其种类繁多，内容广泛。与此同时，也产生了一个不容忽视的信息环境恶化问题：网上信息泛滥，鱼龙混杂，信息污染现象严重，增加了用户获取信息知识的难度，延长了用户信息获取的时间。因此，人们借助于网络寻求所需信息时不再像以往那样关心信息资料的数量而是关心信息资料的价值。如何降低用户的时间成本，使用户在有限的时间内获得最有价值的信息，如何使用户感觉自己所支付的信息费用物有所值，这就需要数字图书馆员对网络信息资源进行筛选、分类、去伪存真，提高浏览信息的质量，以精品化服务打动用户，从而产生良好效应。

3. 特色化服务

传统图书馆所提出的特色化服务主要依托于特色化实体馆藏，而在网络环境下，有限的馆藏资源和无限的网络资源共同构成图书馆信息服务的基础，数字图书馆应该深入加工自己的文献资源，深入到知识单元内部，借助于网上信息资源，建立自己的特色化数据库。因而，当今环境下的特色化服务主要是指特色化数据库提供的信息服务，特色数据库由特色内容和特色技术构成。特色内容是指根据馆藏特点，依据已有的馆藏资源，开发出富有特色的内容体系，这一内容体系应为“你无我有，你有我优”。特色技术是指要有一定的规模，要有有效的检索功能，要有多媒体信息，要有互动界面，要能提供全文检索。除此之外，数字图书馆还要考虑为用户提供特色化的服务形式，如记录用户的需求信息，为其提供专业或相关专业信息的主动推送服务；建立读者库，促进读者之间的沟通，以读者服务读者。

4. 远程化服务

数字图书馆的远程化服务是指利用互联网等远程通信技术，为用户提供在任何时间、任何地点访问数字化馆藏的服务。目前，远程求医、远程求知、远程贸易、远程签约、远程教学等已经成为社会发展趋势，数字图书馆提供远程信息服务应运而生。远程化服务是一种新的服务方式，它改写了“文献—馆员—读者”的流通方式，进而发展为“信息—网络—读者”的传输方式，它能提供最直接和最直观的全文信息浏览、数据库下载、信息传递和信息咨询，它是一种集信息咨询、文献检索、文献提供等功能于一体的现代化的服务。

5. 时效性服务

网络服务最大的优势就是速度。在信息社会，速度往往是制胜的关键。据美国有关咨询公司调查，如果一个网站不能在 8 秒中吸引上网者，那么上网者就会离开。同样，针对读者提出的信息需求，如果数字图书馆员有意识或无意识地使其服务滞后，那么在前一段时间极具价值的信息现在可能就一文不值。时效是快捷与效率的结合，它意味着用户量的增长。数字图书馆提供具有时效性的信息服务才能避免科研工作的延迟、重复，才能使读者最大限度地利用所获取的信息，充分发挥信息的潜在价值。

（三）发展数字图书馆信息服务的对策

数字图书馆的信息服务工作是一个整合的过程，因此我们需要探究如何才能提供更好的信息服务。拥有良好素养的工作人员、加强网络应用技术、促进知识管理和深层次网络信息资源的开发，都是确保数字图书馆信息服务工作的基础保障。

1. 提高馆员素质

数字图书馆想要提供更高质量的信息服务，就需要首先对内部的工作人员素养进行提升，重点是提高工作人员信息意识，只有这样才能够确保他们能够及时了解到有价值的信息内容。信息服务是知识密集型产业，因此既需要他们了解图书馆学与情报学，还要懂一些外语和计算机网络运用途径，因此更加需要的是专业的综合性人才。

2. 开发网络应用技术

数字图书馆需要采用开发网络应用技术对数字化资源进行管理和存储，以实现资源的高效利用和检索。常用的数据库技术包括关系型数据库和非关系型数据库。数字图书馆需要采用各种数字化技术将纸质文献和其他信息资源数字化，以实现在线访问和检索。数字化技术包括图像扫描、光学字符识别等数字化处理技术。

3. 实施知识管理

知识管理来自于管理学。现阶段已经逐步地被图书馆内部的管理人员广泛地运用在图书馆领域之中，它是将人作为核心，将信息资源作为根本，以技术作为方法，以创新作为目标的系统化与组织化的知识识别、开发、应用和储存的思想活动。虽然数字图书馆能够开展的服务是信息服务基础，然而提供信息服务仍旧需要人、信息资源和技术创新，所以需要探究将这些因素融合在一起，从而开展知识管理，对于不同因素之间的关系合理处置，这样才能使多方发挥出良好的扩散效应。

4. 多渠道筹集资金

数字图书馆的信息服务是一项跨部门、跨行业、跨学科的系统工程。在各自发展的基础上，逐步整合各系统、各行业、各学科的信息服务，统一规划协调，分工协作，发挥综合效益，在标准的制定和实施、经费的投入等方面发挥重要作用。资金不足是国内外发展信息服务业首先要解决的问题。但是，在一些国家，资金问题得到了很好的解决。除了相对较强的经济实力和投资数字图书馆的意愿外，这些国家采取了多种筹资方式。这也应该对我国有所启发，除了增加资金，统筹安排资金使用外，还应该采取优惠政策，鼓励个人、企业、基金会等向数字图书馆捐赠或以其他方式投资。数字图书馆还可以通过合法的有偿服务筹集资金，用于信息服务系统的开发和实际应用。

5. 加强对用户需求行为的研究

数字图书馆可以采用以下几种方法来加强对用户需求行为的研究。

用户调研。数字图书馆可以通过用户调研了解用户的需求和行为，例如对用户进行问卷调查、访谈等方式，收集用户的反馈和建议，从而了解用户的需求和行为特征。

网络行为分析。数字图书馆可以通过对用户在数字图书馆的网络行为进行分析，例如用户的搜索关键词、浏览记录、下载记录等，从而了解用户的偏好和需求，为数字图书馆提供有针对性的服务和资源。

用户画像建立。数字图书馆可以通过建立用户画像，对用户的个人信息、兴趣爱好、行为习惯等进行分析和挖掘，从而更好地了解用户需求和行为特征，提供更加个性化和定制化的服务和资源。

数据分析和可视化。数字图书馆可以采用数据分析和可视化技术，对用户的行为数据进行可视化展示和分析，例如通过数据图表、热力图等方式，从而更加直观地了解用户的需求和行为特征，为数字图书馆提供更加精准和有针对性的服务和资源。

6. 深层开发网络信息资源

所谓信息服务，内容至关重要，然而网络上的信息多是分散的、无序的，如何鉴别和筛选是一个相当重要的问题，因而信息筛选成本已日益大于信息搜集成本，如何快速搜索有用信息是用户有效利用网上信息的瓶颈，这就要求数字图书馆员对网络信息资源进行系统的开发、科学的组织，充分利用现有的搜索引擎，对本专业的网络信息资源进行大范围的搜索、采集，并将相关的内容下载、分类、标引，建立高质量的索引数据库，同时制作相关网页，利用信息推送技术主动将信息发布、推送给广大用户。这样便可以帮助用户进行信息内容的准确定位，有效揭示众多信息之间的语义关系，以挖掘隐藏在信息中的知识内容，从而使读者能够快速、便捷地找到自己所需信息。

7. 解决信息资源的组织问题

当前信息服务的信息组织模式只能为用户提供有限的服务，因此有必要加强信息组织理论的研究，探索新环境下信息服务的信息组织模式。首先，数字图书馆要提供一个信息资源建设的组织框架和工具，能够支持用户有效地重组和扩展数字图书馆资源，即用户能够有效地将个人信息、网络信息、电子邮件等数字图书馆资源整合到自己的个人信息环境中，支持用户收集、组织和存储信息，从而为用户构建自己的个性化信息空间提供保障；其次，要从目前只提供资源的简单链接的现状，变为提供多元化的资源服务，直接链接到图书馆资源，让用户进一步获取原文，而不是局限于标题或摘要。信息服务系统的发展趋势是资源整合和服务整合。用户可以通过一次使用获得所有的资源和服务，系统的友好性和服务可用性会大大提高。数字图书馆可以通过在线论坛、博客、微信公众号等方式，为用户提供数字资源交流和分享平台。

8. 构建专家顾问保障体系

开展数字图书馆信息服务，必须有一个涉及各门学科的、知识渊博、经验丰富、乐于奉献的专家顾问团体。其成员可以从四个方面着手。

第一，建立学科馆员队伍。学科馆员充当的是信息传播角色。学科馆员的角色表现为：其一，加强对互联网上各种各样的数据库和电子邮件传播信息内容的运用；其二，使用搜索引擎帮助用户了解信息；其三，传播应用主页的单位信息，增添一些外部的内容，促进信息资源传播。

第二，学科馆员应是专家。图书馆内的管理工作者需要对自身的知识体系进行完善，熟练掌握各种知识，并且拥有创新意识与服务理念。他们运用最新的知识与良好的观察力和判断力，就可以深入地了解不同领域的信息内容，确定信息的价值性与真实性，更加准确客观地了解用户实际需要的各类信息，熟练地掌握网络上的信息检索功能，并且能够在各种各样的网络信息中迅速分辨出与自身有用的信息。

第三，学科馆员属于信息管理人员。伴随着信息社会的发展，当前的信息资源管理除了传统的模式之外，还需要运用全新的网络技术与数字技术开展信息的收集加工和处理，因此图书馆内的工作人员也需要有良好的信息处理能力，并且在信息管理工作开展时，运用全新的信息资源获取方式，使用全新的信息储存方式和全新的分类方式，这样才能构建全新的、和读者之间形成的互动系统。

第四，数字图书馆聘请相关专业背景和经验的专家，为数字图书馆的建设和管理提供例如数字化资源建设、服务模式创新、信息技术应用等方面的咨询和指导。同时，还可以与国际知名的数字图书馆或相关机构进行合作，聘请国外专家和顾问，从国际视野出发，为数字图书馆的发展提供咨询和支持。还可以组织专家论坛，邀请相关领域的专家和学者，就数字图书馆建设和管理等方面进行研讨和交流，从而提高数字图书馆的服务水平和质量。最重要的是要为数字图书馆的工作人员提供专业技能培训，从而提高数字图书馆的整体服务水平和质量，为用户提供更好的服务和资源。

9. 实施用户推广策略

数字图书馆信息服务就是一种“商品”，要得到用户的喜爱，必须使这种“商品”在用户心中树立起品牌形象，为此应该在信息服务中引入商业推广策略，加大宣传力度，使尽可能多的用户了解该图书馆信息服务的技术特点、服务范围、服务内容、服务方法，尤其是要使用户了解该图书馆能为其解决什么样的实际问题。同商品推广一样，信息服务推广也包括包装、目标定位、目标市场细分、市场巩固、市场扩展等问题。信息服务的推广策略多种多样，在网络环境下，数字图书馆可以借鉴电子商务的某些做法，通过建立网站来推广该项服务。

10. 借鉴国外的前沿成果

过去，我国图书馆信息服务的经验是从国外借鉴来的，今后我们将继续学习和吸收国外图书馆的先进成果。目前，我国图书馆界对国外数字图书馆信息服务的研究只是局限在少数学者之间，组织是松散的，研究成果的推广仅仅限于期刊传播，有组织、有规模、系统化的宣传活动还几乎没有。因此，相关机构和学术团体应加强领导和组织管理，对国外图书馆信息服务进行长期、系统的监测，使国内图书馆及时掌握国外新信息。当然，借鉴国外的成果只是一方面，如何根据国情和图书馆条件对这些成果进行本土化才是需要更多考虑的问题。

11. 提高数字图书馆信息服务的技术

由于受到技术的制约，许多数字图书馆开设的信息服务质量不高，系统功能难以实现。开展优质高效的信息服务，数字图书馆必须采用多项先进的技术。国外的数字图书馆在技术方面积累了丰富的经验，例如，数字图书馆的元数据规范、数字资源的存储和传输技术、数字图书馆的检索和推荐算法等。这些经验可以直接应用于我国数字图书馆的建设。

12. 建立数字图书馆信息服务评价机制

提供个性化信息服务并不是数字图书馆的最终目的，其宗旨是使用户最大限度地获得信息产品。为了实现这一目标，评价机制至关重要。完善的评价机制能促进信息服务不断优化，评价机制要对信息服务的全程即服务计划、服务方式、服务效果等方面做出严格的规定。为了使评价取得好的绩效，要制定可行的服务方案和服务计划，要建立用户信息库。在服务程序上要强调科学、合理，规范。在服务质量上，要制定服务方针和目标，要给用户以明确的承诺。

（四）数字图书馆信息服务发展的要素

1. 信息服务要强调“快”字

信息区别于文献的一个重要特征就是它的时效性。数字图书馆的信息服务要根据本身的特点，加快信息的传递速度。所谓加快文献信息的传递速度，就是要加快信息收集，加工、整理、传递等工序运行速度，将各种有价值的信息直接分送到用户手中，用户可以通过数字图书馆的远程咨询服务，获取专业的参考信息。数字图书馆的信息服务，要开展必要的宣传工作，在这方面要有精力的投入和资金的投入，通过宣传数字图书馆的社会功能和服务方式，令全社会各方面都能认识数字图书馆的新服务功能，最大限度地利用数字图书馆的信息和文献。

2. 信息服务要将市场需求放在第一位

数字图书馆服务方式应当从社会需求出发进行信息收集，而不是先有信息后有用户。按照这一新思路，就要适当地打破原有的工作程序和思维模式，即要先搞清信息需求，再收集信息，进而开展服务。不要单纯追求信息服务的形式，要注重信息的实际应用，切实有效地为经济建设服务。目前，有些数字图书馆在信息服务实践中总结出了一些有效的服务方式，成立专门的信息服务部门，组成专业干部队伍，强化了信息服务的职能，还有通过开办信息市场，举办信息技术讲座，成立剪报信息中心，向社会各界提供经济、贸易、企业，商业、金融，市场等方面的信息；或抽聘部分人力组成专门的信息服务小分队，深入生产科研第一线，了解情况，发现潜在的技术市场或一些用户的实际需求；还可以通过对市场需求的了解，有针对性收集、选择一些有价值的信息，使数字图书馆收藏的文献品种多、类型全，为用户提供准确、合用的文献信息，使数字图书馆的信息服务一步一步迈上新台阶。

第二节　数字图书馆服务方式的转变

现阶段的图书馆服务工作相较于传统的图书馆服务工作而言，具有较大差异。当前数字图书馆服务包含了传统图书馆的服务作用，彰显在全民共享、平等服务和资源共享的理念基础之上，融合了当前的现代图书馆的核心价值观念。现在，数字图书馆中读者才是一切，将读者作为核心，所有工作开展都是为了读者，将服务看成城市图书馆发展的根本，使图书馆拥有可持续发展的力量。

一、关于现代图书馆的读者

读者是指那些阅读图书、报纸、杂志等文献资料的人。读者可以是任何年龄段的人，包括儿童、青少年、成年人和老年人，他们通过阅读来获取知识、信息和文化体验，同时也可以通过阅读来放松身心、缓解压力和提高情感共鸣和共情能力。读者的特点和需求因人而异，不同的读者群体具有不同的阅读习惯、阅读目的和阅读需求。例如，儿童和青少年的阅读需求更多地关注于娱乐和启蒙，成年人的阅读需求则更多地关注于知识和自我提升，老年人的阅读需求则更多地关注于文化和情感体验。

图书馆、书店、出版社等机构的服务对象就是读者。这些机构通过提供不同类型和形式的书籍等文化资料，以及相应的服务和活动，来满足读者的不同阅读需求和兴趣。同时，这些机构还可以通过调查和研究读者的需求和行为，来更好地了解读者的特点和需求，为读者提供个性化、多样化和贴心的服务。

现代图书馆的读者来自不同的文化、教育、职业和经济背景，他们具有不同的阅读、学习和娱乐需求。随着数字化技术的发展，现代图书馆的读者越来越多地使用数字化资源，例如电子书、数字档案、多媒体资源等，他们通过互联网和移动设备等渠道，随时随地访问和利用数字化资源。他们是一个多元化、数字化、个性化、社交化和创新化的群体，图书馆需要了解和满足读者的需求和期望，提供个性化、多样化和创新化的服务和资源，以更好地服务读者。

（一）了解读者

了解读者是图书馆服务工作开展的前提。在网络信息社会背景下，随着全新科学技术的发展，尤其是互联网资源的网络化与数字化，当前图书馆已经成为资源共同体。在资源整体建设、共享的网络平台和基础知识库里，每一个图书馆都可以提供超出自身馆藏以及地区的服务，所有的读者都可以在随便一个图书馆或者自己在家里的任何一个地方享受图书馆的服务。本质而言，读者对图书馆的需求并没有降低，他们对图书馆的服务需求的期望值反而在不断地攀升。由于读者有了更高的期望值，因此他们就不再满足对图书馆传统的借阅服务的需求，他们需要图书馆持续创新，能够提供满足自身需求的服务模式。

（二）研究需求

数字图书馆通过数字化技术和网络技术，提供更加便捷、快速、多样化的图书资料获取方式和服务方式，从而满足读者的多样化需求。可以提供多种类型的资源，如电子书、期刊、论文、报纸、音频、视频等，涵盖各个领域和学科的内容。也可以根据读者的兴趣、需求、读书习惯等信息，为读者推荐适合的图书和资源，提供个性化的服务。数字图书馆还可以提供在线阅读、下载、购买、借阅等服务，方便读者不同的需求。除此之外，提供便捷的检索和查询工具，帮助读者快速准确地查找到所需的图书和资源，提高工作和学习效率，也是数字图书馆利用新技术服务读者的一种方式。例如，深圳图书馆所开发的城市街区 24 小时自助图书馆，就是对读者的实际需求进行分析之后，从而完成的技术创新与服务创新。这个系统将 RFID（射频识别）技术融合各种全新的技术，最大程度上避免了读者在阅读过程中的障碍，使读者更加便利，也提升了公共运用效率，使图书馆的服务更加自助并能够全天候开放。

二、关于现代图书馆服务理念

现代图书馆的服务理念主要是以用户为中心，致力于为用户提供全方位的服务。现代图书馆以用户需求和利益为导向，关注用户的需求和兴趣，为用户提供个性化、多元化的服务；强调开放性，鼓励用户自主使用馆藏资源和设施，提供便捷的网络服务和数字资源；注重创新，积极探索新的服务模式和技术手段，提高服务质量和效率。

现代图书馆也是社区文化生活的重要组织者，注重与社区居民的联系和互动，举办各种文化活动和教育培训，为社区居民提供全方位的服务。

现代图书馆的服务理念旨在为用户提供高质量、全方位的服务，通过自助服务设施、网络化服务、精细化服务、整合资源服务和信息化管理等手段，提高服务效率，提升用户体验。

（一）树立“以人为本”的理念

打造现代化图书馆服务理念，要将“以人为本”的服务理念作为根本，就是把读者作为“本”，把读者的需求作为根本。读者是图书馆日常工作的主体对象，读者并不是狭义上的来到图书馆的读者，而是广义上的社会化读者。2008 年，我国图书馆学会所通过的图书馆服务宣言里，也明确说明了公共图书馆针对社区的所有成员都要免费开放，不分种族、信仰和职业的服务原则，也彰显了图书馆服务的公益性特征。

（二）树立服务是一个品牌的理念

品牌指产品的牌子，特指著名产品或品质较好的产品的牌子。而学者认为服务能够给客户提供唯一的商品，这种服务就是商品的理念，极大程度上也就说明着服务思维的创新，这个理念在图书馆中也同样能够运用。图书馆品牌，本质上就是创造良好的服务与信息商品，如果一个图书馆用自身的某个独特性或者一定规模和馆藏，或者某一个信息和特色服务，在同一行业中拥有了差别优势，那么这个优势就是它的品牌。

三、树立转型发展的理念，实现服务方式的变革

现阶段，我国的社会经济发展速度较快，也促进了文化转型，而相匹配的图书馆服务工作也需要转型。这一阶段服务工作已经做出了相应的转变，不论是到馆读者服务，还是社会化读者服务，以及被动服务转变为主动服务等，而日后还需要进行二次转型，如运用品牌服务、集成服务、公开服务与开放服务等，促进服务工作创新。

第三节　数字图书馆管理机制的创新

数字图书馆需要建立完善的数据治理机制，确保数字资源的质量和可用性。数据治理包括数据采集、存储、分类、清洗、共享等环节，需要采用先进的技术手段和规范，保证数字资源的一致性、准确性和安全性。同时，需要采用开放的合作机制，与其他机构、企业和个人进行创新合作，共同推动数字资源的采集、整合、应用和创新。数字图书馆管理机制的创新需要结合先进的技术手段和创

新的思维方式，注重用户参与和服务创新，在数据治理、知识发现、用户参与、创新合作和服务创新等方面进行创新探索，为数字图书馆的发展提供有力地支撑。

一、图书馆创新管理机制构建的目标和内容

（一）学习型图书馆的创建

学习型图书馆的创建需要注重发展战略、信息化基础设施、服务创新、学习型组织文化和合作创新等方面的工作，全面提升图书馆的学习功能和服务质量，为用户提供更加丰富、便捷、高效的信息服务。组织修炼的含义，就是运用系统化的方式，让组织朝着学习型组织转化。学习型组织并不是一个单纯的群体，而是在不断创新和进步的组织。学习型组织，这个理念是由著名管理学大师、美国麻省理工学院的教授彼得圣吉提出的，并且他说明了在组织上是由多个创造性个体构成的团队，而组织的价值观念则要考虑到“双环学习”的共同组织创新与开发，学习的问题上要凸显学习型组织的特征，凸显出团队学习的过程，并且强调终身学习，以及所有人共同学习，管理上要关注以地方为核心的扁平式结构，让员工的工作时间更有弹性，而领导人员在学习的时候要起到规划和设计的作用。

（二）以创新为主流文化氛围的营造

图书馆需要积极宣传创新理念，推动营造创新思维的文化氛围，鼓励员工从用户需求出发，探索新的服务模式、新的技术手段，推

动图书馆的创新发展。同时，需要建立创新机制，包括创新团队、创意平台、创新基金等，为员工提供创新环境、创新资源和创新支持，推动图书馆的创新发展。良好的文化氛围能够控制不同的图书馆内所有人员的心理和日常行为。文化氛围是一种黏合剂，能够将图书馆的工作人员从各个方面团结一心，从而形成良好的凝聚力，构建使命感以及推动感。将创新作为核心的文化氛围，创设将知识作为主导，尊重知识和人才，营造良好的氛围状态，使学习者不断地创新与进步。这也是图书馆精神文明建设的根本，为图书馆的创新活动开展提供了巨大的精神支持，这就需要探究创新文化氛围的营造渠道。

（三）引导人们树立人才资源是第一资源的观念

人才资源是第一资源，能够充分表明人才资源是所有资源发展的决定性因素，也说明了对人力资本管理的重要性。而图书馆在发展过程中所运用的资源主要包含了人力、物力、财力、信息四种。人们的智慧和能力最为关键，人的智慧与能力的发展，会直接影响到后续其余资源的开发深度，使用人才资源具有显著的增值价值。现阶段人们已经进入将知识和信息作为核心的知识经济社会，伴随科学技术的发展，当前人才能够产生的作用，相较于以前历史阶段已经出现了巨大的转变，人们的知识智慧正在逐步地取代土地资本与原材料成了直接的生产要素，产生了价值。引导人们树立“人才资源是第一资源”的意识，需要从增强人才意识、建立人才导向的组织文化、创新人才管理机制、加强人才培养和发展、推动人才资源的共享和合作等方面入手，营造良好的人才发展环境和创新氛围，为组织和社会的发展提供更多的人才支持。

二、知识管理体系：管理机制的核心要素

（一）知识管理与数字图书馆管理机制创新

数字图书馆的经营管理工作对数字图书馆未来发展、自我创新和服务能力提升都具有重要的价值。核心目标是构建一个能够匹配网络传输技术特征，又能让人们对于数字化知识内容和社会习惯的文化内容进行合理分配的要素资源，协调和环境之间的联系，从而有效地降低运营以及交易成本，让数字图书馆能够彰显出最为显著的系统性能，满足用户的实际需求。除此之外，也能为政府、企业、科研机构和社会的知识创新、技术创新、文化创新提供相应的知识服务与信息服务。知识经济时代背景下，数字图书馆的日常管理工作具有显著的社会效益和经济价值。数字图书馆管理与运转的核心内容就是信息资源创新、开发和知识管理。知识管理在数字图书馆日常的管理过程中处于核心位置，并且也是整体活动开展的重点，知识管理包含了知识开发、知识组织和知识服务的整个过程。采用开放的合作机制，与其他机构、企业和个人进行创新合作，共同推动数字资源的采集、整合、应用和创新。建立数字资源共享平台，促进数字资源的共享和合作，开展数字资源交流和联合研究，推动数字图书馆的创新发展。

（二）数字图书馆管理机制创新与对策

数字图书馆管理机制创新可以从以下几个方面入手。

数据治理的创新。建立完善的数据治理机制，包括数据采集、存储、分类、清洗、共享等环节，需要采用先进的技术手段和规范，保证数字资源的一致性、准确性和安全性。采用数据挖掘和自然语言处理等技术，识别和清洗不符合规范的数据，建立数据质量评估体系，确保数字资源的质量和可用性。

知识发现的创新。引入知识发现技术，包括自然语言处理、机器学习、数据挖掘等，挖掘数字资源中的知识和价值，为用户提供更加个性化、智能化的服务。可以采用人工智能技术，建立知识图谱，实现智能检索、推荐和问答等功能，提高用户体验和服务质量。

用户参与的创新。引入用户参与机制，鼓励用户参与数字资源的采集、整理和共享，提高用户对数字图书馆的参与度和归属感。建立用户参与平台，开展数字资源共建、共享和评价活动，吸引更多用户参与数字图书馆的建设和发展。

服务模式的创新。不断提高服务质量和服务效率，创新服务模式和服务手段，采用互联网、移动应用等新技术，为用户提供更加便捷、智能、个性化的服务。开展数字资源服务创新，引入虚拟现实、增强现实、智能推荐等技术，提高数字资源的利用价值和用户体验。

（三）知识交流与共享机制

数字图书馆可以建立数字资源共享平台，将数字资源整合在一起，为用户提供便捷的访问和使用途径。数字资源共享可以通过数字资源库、数字图书馆门户网站、数字出版物等方式实现。注重知识产权的保护，在数字资源共享的过程中，需要遵循版权法、著作权法等相关法律法规，保护知识产权的合法权益。将开放数据共享，为其他机构和个人提供数据资源，促进知识的共享和交流。建立交流和合作机制，包括数字资源交流、合作研究、学术会议等。这样可以促进数字图书馆之间的资源共享和合作，提高资源利用效率和研究水平。利用社交媒体平台，建立数字图书馆用户社区，为用户提供交流和分享的平台。社交媒体可以通过微信、微博、QQ群等方式实现。

数字图书馆知识交流与共享机制需要通过数字资源的共享、知识产权的保护、开放数据的共享、交流和合作机制的建立以及社交媒体的利用等方式实现。这将促进数字资源的共享和交流，提高数字图书馆的服务质量和用户体验。

三、服务管理体系：管理机制的价值体现

良好的管理机制要求，数字图书馆的服务要开展一站式服务，将个性化与广泛性融合在一起，一站性呈现的是数字图书馆服务工作的便利度，运用资源整合与服务形式，使用户了解信息的过程更加简便，这样就能够极大程度上缩短信息输入和查询的时间，而个性化也是在用户多元化需求背景下所开展的更加具有针对性的服务。广泛性说的是数字图书馆日常服务的普适性数字，图书馆想要在当前的市场

背景下获得更好的经济效益与社会效益，就需要首先细致划分用户，并且考虑到用户的根本需求，打造一站式与个性化的服务目标，而数字图书馆的管理工作也可以从对象管理与服务方式寻求发展。

数字图书馆需要建立合理的组织结构，包括人员组成、职责分工、工作流程等。设置数字图书馆管理委员会，由专业人员组成，负责数字图书馆的规划、建设、管理和服务。建立完善的法规制度，包括数字资源采集、存储、共享、利用等方面的规定。数字图书馆可以参照国内外数字图书馆领域的法规制度，制定适合本地实际情况的规定。建立服务标准体系，包括服务目标、服务质量、服务流程等方面的标准。数字图书馆可以采用国内外数字图书馆领域的服务标准，制定适合本地实际情况的标准。推进信息化建设，包括数字资源库建设、数字化技术应用、数字服务平台建设等方面。数字图书馆可以采用先进的信息化技术，实现数字资源的全面数字化、智能化处理和服务化。

数字图书馆管理机制的价值主要体现在提高数字资源利用效率、促进数字资源共享、提高服务质量和用户体验、保护知识产权和数字资源安全以及推动数字图书馆创新发展等方面，为数字图书馆的建设和发展提供重要的支撑和保障。数字图书馆管理机制可以通过数字资源的采集、整理、分类、存储、共享等方面的规范化管理，提高数字资源的利用效率，为用户提供更加便捷和高效的数字服务。通过引入先进的技术手段和创新的思维方式，不断提高数字图书馆的服务质量和用户体验，推动数字图书馆的创新发展。

第四节　现代图书馆创新服务理念

一、图书馆服务理念的演变

图书馆服务理念的演变可以追溯到古代，当时图书馆主要是为了收集、保存和传承文化遗产。随着社会的发展和人们对知识需求的增加，图书馆的服务理念也发生了变化。20 世纪初，图书馆开始重视读者服务，提供更多的服务和资源，如参考咨询、文献传递和阅览室等。20 世纪 50 年代以后，图书馆服务理念逐渐从“传统的保存、收集和传承文化遗产”转向“服务读者、满足读者需求”，并开始推广“读者为中心”的服务理念。

20 世纪 70 年代以后，图书馆服务理念又发生了变化，开始重视信息服务和教育服务，通过引导读者获取信息和独立思考，提高读者的信息素养和终身学习能力。21 世纪初，图书馆服务理念进一步发展，强调数字化服务和多元化服务，通过数字化技术和网络资源满足读者的信息需求和学习需求。

读者为中心是现代图书馆最基本的服务理念，即将读者需求置于服务的核心位置，为读者提供个性化、多样化、高质量的服务。现代图书馆不仅提供图书、期刊等传统资源，还积极采用数字化技术和网络资源，为读者提供各种形式的信息服务，包括电子图书、数据库、网络检索等。

图书馆服务理念的演变是随着社会的发展和人们对知识需求的不断变化而发生的。从最初的收集、保存和传承文化遗产，到服务读者、满足读者需求，再到强调信息服务和教育服务，以及数字化服务和多元化服务，图书馆服务理念的变化一直贯穿着图书馆的发展历程。

二、现代图书馆创新服务理念

21 世纪的图书馆应该具备以下服务理念。

（一）“以人为本”、“用户至上，服务第一”的创新服务理念

图书馆以人为本的创新服务理念是指在满足读者需求的前提下，通过创新的服务方式和手段，提供更加个性化、便捷、高效的服务，不断提升读者体验和满意度。图书馆以人为本的创新服务理念体现在以下几个方面。

个性化服务：通过了解读者需求，提供个性化的服务，如个性化推荐、定制服务、专属顾问等。

移动服务：通过移动设备和应用程序，提供全时全域的服务，如移动图书馆、移动阅读、在线咨询等。

融合服务：通过融合各种资源和服务，提供一站式服务，如数字图书馆、一卡通服务、多媒体服务等。

社交服务：通过社交媒体和网络平台，提供社交化的服务，如

读者社区、在线讨论、协作服务等。

开放服务：通过开放数据和资源，促进知识共享和创新，如开放数据、开放教育资源、开放创新服务等。

智能化服务：通过智能化技术和人工智能，提供智能化的服务，如智能检索、智能推荐、智能问答等。

图书工作开展过程中，要将以人为本作为根本服务要求，而服务工作开展的时候，不管在何处，都要将用户放在第一位，把所有工作的开展都是为了用户服务做准备，并且一切都是为了满足用户的合理需求。图书馆以人为本的创新服务理念是通过不断创新和改进，提供更加个性化、便捷、高效的服务，满足读者需求和期望，促进读者的学习、研究和创新活动，推动图书馆的可持续发展和社会进步。首先，文献信息是否能够匹配用户的根本需求，图书馆内部的信息内容、知识体量和内容价值都需要让用户自主判断；其次，就是用户针对图书馆的工作人员的服务态度、能力和效果是否满意；最后，图书馆内不同业务的建设、制度规章和服务项目的设施，是否能够匹配于用户实际的利益需求，而这些都需要让用户自主评价，用户服务第一的核心理念和商业中所提出的顾客是上帝的理念本质上来说是相同的。为了更好地彰显出这个指导思维，就需要图书馆首先成立读者委员会，对图书馆的日常工作开展指导。图书馆的“用户至上，服务第一”创新服务理念强调以用户为中心，以满足用户需求为目标，通过不断创新和改进服务方式和手段，提供更加个性化、多样化、高质量的服务，让用户的体验和满意度得到进一步提升。这一理念是图书馆服务发展的方向，强调以用户为中心，以服务为导向，通过不断创新和改进，提供更加优质、高效的服务，让用户获得更好的服务体验，从而进一步提升图书馆的服务质量和社会影响力。

（二）重视服务成果的创新理念

服务是智力劳动，因此就会产生相应的成果。关注服务成果的创新理念对于服务目标而言，具有重要的价值。核心含义有两个，第一个是要将服务看成图书馆日常工作的过程，要把它当作工作开展的目标。既然是目标，我们就一定要关注服务成果，而这种成果既包含了服务活动里的工作成果，也包含了文献信息开发的产品成果。所以服务工作一定要始终保持着需求理念，经常开展各种调查研究，打造长期的反馈系统，不断对服务进行改善，提升服务质量，这样才能使利益得到最大化，然而图书馆内部的服务工作者也需要转变自身在上下班的时候不关注图书馆效益，不思进取的工作状态，第二个是要关注服务成果，关注服务成果要求对图书馆内的服务成果进行分析的时候，一定要恰当认真。这是一个逐步发展的过程，因此也会受到相应的局限，不可能迅速看到成果，通常情况下都是由量变引起的质变。图书馆的服务理念直接影响服务工作的开展和服务质量的提高。在现代数字图书馆，图书馆工作人员要时刻树立“以人为本”的服务理念。这就是以全体工作人员为本，尊重、信任、关心、理解、鼓励、培养每个人。通过文明礼貌、举止端庄、读者第一、服务至上的精神，为读者树立一个健康、美好的形象，创造一个温馨舒适的阅读环境，让读者感受到亲切的氛围和知识的力量。只要读者感兴趣，愿意挑战，勇于接受挑战，寻求刺激和新鲜感，思维就会更加活跃。图书馆工作人员要做到主动服务，通过这样的行动，读者才能得到更多方便。一直以来，图书馆努力将被动服务变为主动服务的目标。随着信息时代的变化，图书馆要进一步加强主动服务意识，树立“以读者为中心”的理念，为读者找书、为书找人，让读者在图书馆感到身心愉悦，更好地激发他们探求知识的愿望。关注服务成果需要树立起科学的精神，并且通过长期坚持的努力，运用优秀的实际成果和特色来彰显出信息产品成果，从而形成良好的社会效益和经济效益。

（三）竞争的创新理念

数字图书馆作为传统图书馆的数字化延伸，面临着日益激烈的竞争环境。为了吸引用户，提供更好的服务和体验，数字图书馆需要不断创新和发展。数字图书馆竞争的创新理念主要包括开放获取、社交化、个性化推荐、信息检索技术和跨界合作等方面。这些理念旨在提供更丰富、便捷和个性化的数字图书馆服务，以满足用户的需求和期望。数字图书馆可以通过提供开放获取的学术期刊、研究报告、数据集等，为用户提供更广泛的信息资源，吸引更多用户和研究者的关注。包括可以借鉴社交媒体和 Web 2.0 的理念，提供社交化的功能和用户参与的机会。同时，通过分析用户行为和偏好的数据，提供个性化的推荐服务，帮助用户发现他们可能感兴趣的资源和内容，以提供更准确、高效的搜索和浏览体验。例如，通过引入自然语言处理、机器学习和人工智能等技术，可以帮助用户更快地找到所需的信息。纸质资源的采购一直都在图书馆图书采购中占有非常重要的地位，但随着数字图书馆的蓬勃发展，全国各类图书馆的数字资源采购比例也在逐步上升。在文献资源采购中，数字资源目前已占到相当重要的地位，并有超过传统纸质图书资源的趋势。数据库服务在内容端除了需要获取丰富优质的内容资源外，将内容资源转化为呈现在用户面前的数字内容也是非常重要的一个环节。第三方资源提供商是指以数字资源生产作为主要业务的数据库提供商，如中国知网、维普、万方、超星等。这类提供商已经逐渐做大，并形成了新的电子资源市场。第三方资源提供商市场是一个开放程度较高的市场。近年来，随着信息化进程的不断加快，越来越多的新进入者进入到这一行业，第三方资源提供商行业的市场竞争日益激烈。

随着互联网和电子阅读工具的普及，电子书、电子刊物、论文、新闻等数字信息的数据量也在与日俱增。随着我国基础教育、高等教育、社会文化传播等需求的发展，依托于机构的个人用户对于这些数字资源的需求同样也在逐步增大。高校图书馆、大众图书馆、教研科研单位等机构用户作为文化传播与知识普及的承担者，对于数字资源有着刚性需求。数字图书馆，尤其是中小型数字图书馆，在当今网络时代面临多方面的挑战。

人们在需要信息时，首先会在网络上进行搜索，从而提高针对性，节约时间，甚至在网络上可以直接获得电子资源，这样的方式方便快捷，已经为众多网民所接受。特别是第三方资源提供商，如中国知网、维普、万方、超星等，这类数据提供商具备了专业性强、用户群稳定、资金来源稳定等多方面的优势。但是也有大量规模较小的第三方资源提供商由于进入门槛较低，竞争较激烈且呈高度分散状态。

1. 内容资源壁垒

内容资源是数字图书馆发展的物质基础，也是制约数字图书馆发展最重要的因素。广大用户在乎的并不是什么新技术，而更在乎能看到什么新的内容。能够快速、有序、合法地将各种科学价值高、影响大、艺术性强的图、文、声、像等媒体资源以数码方式存储在光电介质上，提供丰富的、大众需要的、适合网络传播并由无数信息库组成虚拟资源的内容服务是对数字图书馆的最大要求。因此，内容资源的匮乏是造成数字图书馆发展的壁垒。

2. 技术支持壁垒

数字图书馆技术集计算、数字、网络、传输、数据库管理等大量高新技术于一身，很多关键技术（包括海量存储技术、互操作技术、软件重用技术、多语言技术、个性化定制与推送技术、人工智能技术等）还有待完善。因此，技术的瓶颈也制约着数字图书馆的发展。

3. 资金壁垒

在数字图书馆行业产业链中，存在大量规模较小的第三方资源提供商，由于进入门槛较低，竞争较激烈且呈高度分散状态，因而具有较强的研发能力以及获取丰富内容资源，就能够做出客户所需的数据库产品。这些都需要企业投入大量资金，因此对于行业新进入者，如果短期内达不到一定的经营规模，将在市场竞争中面临较大淘汰风险。

（四）特色服务的创新理念

数字图书馆的服务模式是一种高层次、有品质、有价值、有内容的服务。它基于图书馆员的智慧知识服务、深度挖掘信息资源以及具有用户需求分析功能的系统服务。数字图书馆的服务具有以下基本特征。

第一，数字图书馆的服务是公共性的，面向广大用户、社会群体和全球人类，是一种普惠性的服务。第二，数字图书馆的服务是智慧性的，它在文献服务、信息服务、知识服务的基础上提供智慧服务。图书馆充分发挥自身作为客观知识的拥有者、整合者、启发者的核心作用，帮助用户在知识应用的过程中提升智慧、创新知识。第三，数字图书馆的服务具有资源丰富性，利用先进信息技术如物联网、云计算等，掌握丰富的信息资源，包括纸质资源、数字资源、网络资源等。第四，数字图书馆的服务采用管理集群化的方式，通过综合服务平台来实现知识的共建性整合、集约式显示、便捷性获取、无障碍转换、跨时空传递等。第五，数字图书馆的服务具有服务协同性，包括行业协同、地区协同、国家协同、全球协同等。在系统的顶层设计上整体推进，使资源由分散趋向集约、由异构趋向统一，克服资源在布局上各自为政、分散管理和重复建设的弊端，实现智慧图书馆的管理使命。

数字图书馆的可持续发展需要建立服务特色化，以实现信息资源整合和资源共建共享，同时提高图书馆的服务水平，为读者提供全方位服务。

总馆服务与分馆服务相结合，发展通借通还、共建共享的文献流通服务，以提高服务效率。

常规服务与网络服务相结合，拓展多种形式的网上信息服务，包括网上检索、信息发布、书目查询、阅读、预约借书、咨询、资源点播和网上读书活动等。

文献服务与读书活动相结合，通过多种形式的社会宣传和读书活动，培养更多用户群体，发挥图书馆的知识传播和社会教育职能。

共性服务与特色服务相结合，重视发展建立在特色资源和形式创新基础上的特色服务，以及面向特殊群体的特色服务。

普及型服务与提高型服务相结合，开拓信息服务的广度和深度，提供面向科研读者的课题检索服务和面向管理层的决策信息服务，以及面向各行各业的定题服务和跟踪服务。通过这些措施，数字图书馆可以提高服务质量和效率，实现可持续发展。

第五节　信息共享空间与图书馆服务创新

一、信息共享空间的含义

信息共享空间是指一个平台或系统，可以让不同的组织和个人在同一个空间内共享数据和信息。这种数据和信息可以包括文档、图片、音频、视频、数据库、代码等。信息共享空间可以极大地提高组织和个人之间的协作和合作效率。

在信息共享空间中，用户可以通过共享数据和信息来增强他们的工作能力。例如，一个团队可以在信息共享空间中共享文档和文件，以便成员之间更好地协作和合作。此外，信息共享空间还可以提供数据分析、搜索、分类和过滤等功能，帮助用户更好地利用共享的信息。

信息共享空间也需要确保数据的安全和隐私。因此，访问信息共享空间的用户需要进行身份验证和授权。此外，信息共享空间应该采用适当的安全措施来保护数据不被未经授权的人访问或泄露。

二、信息共享空间的产生背景和发展历程

信息共享空间的产生背景和发展历程与计算机和互联网的发展密切相关。随着计算机技术的进步和互联网的普及，人们可以更方便地共享数据和信息。在早期的互联网发展中，人们主要使用电子邮件、FTP 等方式进行数据和信息的共享。但是这些方式存在一些限制，例如文件大小受限、难以管理和控制等问题。

为了解决这些问题，信息共享空间应运而生。最早的信息共享空间大约在 20 世纪 90 年代出现，当时的目的主要是为了共享音乐、电影等娱乐内容。这些信息共享空间被称为“Peer-to-Peer”（P2P）网络，例如 Napster、eDonkey 等。随着信息共享空间的不断发展，人

们开始将其应用于更广泛的领域，例如企业协作、数据分析、在线教育等。同时，为了解决数据安全和隐私等问题，信息共享空间的技术也得到了不断改进和完善，例如身份验证、授权、加密等技术的应用。

目前，信息共享空间已成为一种重要的工具和平台，可以帮助组织和个人更好地共享数据和信息，提高协作和合作效率，促进知识和经验的积累和传递。

三、信息共享空间对图书馆创新服务的几点思考

信息共享空间的应用场景非常广泛，以下是一些常见的应用场景。

团队协作。信息共享空间可以让团队成员在同一平台上共享文件和文档，以便更好地进行协作。

企业知识管理。信息共享空间可以帮助企业将知识资产、经验教训等信息整合在一起，以便更好地管理和共享。

学术研究。信息共享空间可以让研究人员共享数据、文献、实验结果等信息，以便更好地进行科学研究。

政府数据共享。政府可以将不同部门的数据整合在一起，以便更好地共享和利用，提高政府决策的科学性和效率。

医疗信息共享。医疗机构可以将患者的医疗记录、诊断结果等信息整合在一起，以便更好地进行医疗协作和研究。

在线教育。信息共享空间可以让教师和学生在同一平台上共享教材、作业、答案等信息，以便更好地进行在线教育。

数据分析。信息共享空间可以将不同来源的数据整合在一起，以便进行数据分析和挖掘。信息共享空间可以在很多领域中发挥重要作用，提高组织和个人之间的协作和合作效率。

提供更多的数字资源。信息共享空间可以帮助图书馆提供更多的数字资源，例如电子书、数据库、音视频等，以满足用户的需求。同时，信息共享空间也可以帮助图书馆整合不同来源的数字资源，提高资源利用效率。

实现数字化服务。信息共享空间可以帮助图书馆实现数字化服务，例如在线预订、远程借阅、数字化藏品展示等，以满足用户的需求。此外，信息共享空间也可以提供数字化图书馆服务的平台和技术支持。

加强用户协作和参与。信息共享空间可以帮助图书馆加强用户协作和参与，例如用户可以在信息共享空间中共享读书笔记、评论、推荐等，以促进用户之间的交流和互动。此外，信息共享空间也可以提供用户参与图书馆活动的平台和工具。

加强数据分析和挖掘。信息共享空间可以帮助图书馆加强数据分析和挖掘，例如可以对用户行为、阅读偏好等数据进行分析和挖掘，以优化图书馆服务和资源配置。

提高数据安全和隐私保护。信息共享空间需要保证数据的安全和隐私，因此图书馆需要采取适当的措施来保护用户数据的安全和隐私，例如身份验证、授权、加密等技术的应用。

信息共享空间为图书馆服务创新提供了许多机会和挑战，图书馆可以充分利用信息共享空间的优势，开展创新的服务和活动，提高用户满意度和服务质量。

四、信息共享空间文化与精神的构建

信息共享空间的实体构建应该秉持开放共享的精神，鼓励用户分享和交流知识、经验和文化。信息共享空间的实体构建应该体现多元包容的精神，欢迎不同文化、背景和观点的用户参与。信息共享空间的实体构建应该建立在互信互助的基础上，鼓励用户相互帮助和支持。这种文化精神可以促进用户之间的合作和协作，增强信息共享空间的可持续发展能力。信息共享空间的实体构建应该具有价值导向，注重用户价值和社会价值的实现。信息共享空间的实体构建需要秉持开放共享、多元包容、互信互助和价值导向等文化精神要素，以推动信息共享空间的发展和创新，为用户和社会创造更大的价值。

1. 渗透文化元素，塑造文化氛围

信息共享空间实体层主要包含了交流区、沟通区、研究室、多媒体室等，而这些实际场所的设计和建设与图书馆的文化精神、实践和发展具有密切的联系，他们都需要针对实际的文化元素进行设计与构建，才能体现出图书馆的文化精神内涵，并且运用空间布置工作，使民族文化、时代精神和校园文化等全部融合在文化元素里。这里的文化设计是信息共享空间文化精神内涵的重要体现，特别是通过美学、声学、空间结构的有效结合，使得信息共享空间实体充满文化氛围，达到文化辐射效应，使用户与工作人员身于其中，自然受到信息共享空间实体层内各类文化元素的熏陶，使用户在文化氛围的笼罩下享受信息共享空间的各类服务。

2. 实践以人为本，注重细节设计

除了通过实体空间内文化元素的渗透设计彰显图书馆文化精神外，我们更要在具体的服务中本着“以人为本”的理念，从用户的角度充分考量各类细节设计，将文化元素渗透信息共享空间实体层中。在此，我们可以借鉴企业 CI（Corporate Identity，企业形象识别系统）进行设计，它由 MI、BI、VI 三个部分组成：MI 即企业经营理念，来自企业经营的长期实践和企业大多数员工对企业生存、社会使命、发展方向和总体目标的认同，是企业整体的价值观和经营宗旨，是企业文化的灵魂、核心，与企业精神同属于观念形态，是企业所追求的目标、精神风貌等；BI 是企业行为识别，是 MI 的展开，代表企业理念和企业人格化的一系列行为的展示，与企业作风同属于行为形态；VI 是外部视觉，是企业形象塑造的设计，呈物质形态，突出企业的个性，塑造企业的独特形象如企业标识，理念符号、广告设计等。我们可以通过信息共享空间服务中的细节设计，全面渗透文化元素，充分表达图书馆以及信息共享空间所倡导和弘扬的基本文化精神。

3. 倡导平等自由，宣传服务理念

现代图书馆倡导平等自由的服务理念，信息共享空间理应遵从。我们可以站在实际的设计与机构之中，将以人为本和自由平等的理念作为根本，从而提前设计好信息共享空间，在运转过程中彰显出这些技术理念，在实体空间服务过程中彰显人文关怀与站式服务理念。

（二）信息共享空间虚拟层的文化精神要素

文化精神要素在信息共享空间虚拟层中主要体现在传播图书馆文化精神。信息共享空间虚拟层由实时通讯、博客、维基、社会网络、知识库、虚拟参考、兴趣小组、聚类、书签、推荐、共享、数字图书馆等技术元素及其有关产物组成。

1. 实体与网络互动，传播信息共享空间理念

相较于实体层来说，虚拟层由于技术的优越性变得更加虚拟，然而网络普及的整体环境下，虚拟层的影响也在不断增加信息共享空间服务，在网络背景中运用虚拟层的元素能够更加迅速且快速的传播，而用户突破了时间与地点限制，能够自由地享受服务，馆内的工作人员突破时间与地点也能够给用户提供相应的服务，而在这种客观的虚拟空间实践过程中，运用虚拟环境里的交互沟通，服务人员能够运用服务去传播图书馆的文化精神，而用户也能够在实践过程中了解到图书馆的文化精神，它们之间的相互匹配是信息共享空间虚拟层对于图书馆文化精神进行传播的最佳体验，利用相关的技术手段可以打造在线信息共享平台，持续服务，并且通过专业和多元化的服务工作考虑用户在线关注，加强用户信息素养的培养，而运用这种在线服务的途径也能够彰显出图书馆文化精神中所提倡的以人为本与平等自由传播文明理念，将这些理念朝用户以及社会共同传播。

2. 应用共享空间，进行多样化学习

应用共享空间是数字图书馆中的一个重要概念，它指的是为用户提供创新、合作和学习的虚拟空间。在这个空间中，用户可以共享、讨论和合作使用数字资源、工具和应用程序，以实现知识创造和共享的目标。应用共享空间有鼓励用户协同合作、共享数字资源、提供工具和应用程序、用户之间能进行社交互动等特点。用户可以在这个空间中共享自己的工作成果、经验和想法，与其他用户进行讨论和合作。应用共享空间的目标是提供一个开放、创新和合作的环境，促进用户之间的知识交流和学术合作。它为用户提供了更多的资源和工具，同时也为他们提供了一个互动和学习的平台。通过应用共享空间，数字图书馆可以促进知识创新和共享，推动学术发展和社会进步。

在数字图书馆中，用户可以加入数字图书馆的讨论组、社区或项目组等共享空间，并分享自己的研究成果、论文、报告等，这样可以让其他用户了解到自己的工作，并与他们交流和合作。同时，数字图书馆可以提供在线的课程和培训资源，用户可以通过这些资源进行多样化学习，提升自己在特定领域的专业能力。通过利用数字图书馆的应用共享空间，用户可以与其他人共同学习、分享资源和知识，拓宽自己的学习路径和经验。这种多样化学习的方式可以促进合作、创新和知识共享，提升用户的学习效果。

作为公共文化机构，信息共享空间的实施是图书馆重新确立其社会公共信息中心地位的难得机遇，也为图书馆实现其核心价值创造了一种全新的方式和途径。作为公共服务机构，图书馆应该营造“正义、公平、自由和共享”借助职能整合、协同理论、知识管理和战略联盟，促进文化传播和知识共享，为支撑大学发展和社会进步提供信任和知识保障。

（三）信息共享空间的文化精神素养

信息共享空间的文化精神素养指的是在信息共享的过程中，个人和社会所需要具备的一系列素养和价值观。在信息共享过程中，个人和社会应该尊重知识产权，不得侵犯他人的版权、专利、商标等知识产权，同时也要保护自己的知识产权。个人和社会应该具备共享和合作的精神，愿意分享自己的知识、经验和资源，与他人合作共同创造更多的价值。同时，要有独立思考和批判精神，不盲从、不轻信，对信息进行深入思考和评估，保持理性和客观的态度。这些文化精神素养对于个人和社会在信息共享空间中的健康、和谐、有序发展具有重要的意义。

1. 制度化设计，凝聚信任与组织文化

数字共享空间可以包括数字图书馆、数字档案馆、数字博物馆、数字艺术馆等各种数字化文化机构，也可以包括各种数字化资源共享平台、学术交流平台、社交媒体等。数字共享空间的资源和服务都是数字化的，包括数字化的图书、影音、图片、数据等。通过制

度化设计，使其基本理念成为信息共享空间运转的制度保障，这必然需要通过制度化设计，使之成为信息共享空间工作人员和用户共同遵循的规章制度，进而成为成员共同遵守的信条，凝聚用户与用户、馆员与馆员，馆员与用户之间的信任文化，通过组织管理层面对信息共享空间文化与精神的秉承，形成共同的组织文化，共同促进信息共享空间的良性运行，实现信息共享空间的基本目的，彰显信息共享空间文化与精神。建立良好的组织文化，将使得组织成员拥有基本一致的价值观念和行动准则，有利于组织制度的认同和实施，有助于工作中的协作。图书馆、信息技术等不同部门的文化是有差异的，工作环境不同，相互不了解对方领域的知识等都构成挑战，在信息共享空间中协作就会有频繁的文化冲突。缓和冲突和矛盾的办法有多种途径，全体人员共同参与制定目标和规章制度；通过专题对话，交流思想，达成共同价值观；邮件，博客，内部论坛等多种交流途径应用于构建组织文化。

2. 秉承协同理念，塑造信息共享空间协同文化

从信息共享空间的内涵来看，它本质上是基于各种图书馆资源（包括传统的纸质图书、报刊，网络环境下的电子资源或数字资源，以及作为实体的图书馆的物理空间)。在新的环境下（开放存取和共享学习以及新时代背景下图书馆的发展趋势)，图书馆积极引入这种资源、人员、空间一体化的新服务模式，为图书馆用户提供快捷、方便、有效的信息服务。这种服务模式的实现显然蕴含着协同论，它直接反映了如何协调图书馆的资源、人员和空间，释放三者集合的最大优势功能。当笔者考察国内外已经开展信息共享空间服务的图书馆时，从其组织实施的角度来看，这一服务的实现不仅需要这三个要素（资源、人员、空间），还需要一个有效的运行体系或组织实施体系来保证其优越功能的实现。这种组织不仅涉及图书馆内部各部门之间的协调，还涉及图书馆与学校其他部门之间的协调，如信息中心与各部门、各单位之间的协调。因此，要实现信息共享空间所蕴含的潜在功能，就需要这些内部与内部、外部与外部的关系相互沟通和协调，这就是协同理论的内涵。因此，在信息共享空间的建设和运营中，我们应该有意识地秉持协作的理念，使之成为信息共享空间运营的基本要求和文化层面上要遵守的协作文化。

3. 通过信息共享空间具体实践，构建信息共享空间学习文化

信息共享空间基本目的之一便是通过信息共享空间的设计，使新环境下用户重归图书馆，回归图书馆“场所”位置，使读者身入图书馆空间，感受并享受信息共享空间服务，为用户的学习做出贡献，使其信息素养得到潜移默化的培育和提高。现代大学图书馆的功能之一便是强调图书馆是大学生重要的学习场所，不仅要求提供足够的资源保障其学习、科研的进行，而且要提供便捷、舒适的学习场所氛围，使大学生能够在图书馆感受其学习氛围，使图书馆成为重要的文化学习场所。信息共享空间诞生的背景之一便是“一站式”服务理念在大学图书馆的强调和实践，通过信息共享空间的推广与实践，必然会进一步推动大学学习特点的保持，适应新环境下大学生学习要求，保证大学生能够在信息共享空间内享受良好的学习氛围，自觉学习，使信息共享空间的学习文化对用户产生潜移默化的影响。

第四章　数字图书馆信息服务的创新

第一节　数字图书馆信息服务的创新

一、数字化参考咨询服务的基本内涵及特点

（一）数字化参考咨询服务的

数字化参考咨询服务也叫作虚拟参考咨询服务、网络参考咨询服务、电子参考咨询服务，是在网络背景下的图书馆与信息机构，运用网络作为信息传输的方式，将数字化信息作为根本，通过邮件、表格、视频会议等多种形式开展的参考服务，这种服务方式不会受到时间和地点的限制，能够运用更多的资源，通过用咨询馆员和特聘的专家学者，让用户24小时享受不间断的服务，这体现了当前图书馆信息咨询服务未来的发展方向和新内涵，相较于传统服务而言会更加深厚。

（二）数字图书馆参考咨询服务的特点

1. 读者群体的广泛化

并没有哪一个图书馆能够拥有足够的资源服务网络中的所有用户，这也是图书馆界的共识，但是文献信息资源及相关知识内容与商业咨询业之间也是存在显著差距的，所以不同图书馆的信息咨询工作都需要搜索认证用户和非认证用户，这样极大的程度上就会增加图书馆读者的广度。例如广东省立中山图书馆，其数字服务群体就涵盖了我国多个省份和港澳台区域，并且在美国、日本和英国等 10 多个国家都有延伸，这样较为庞大的读者群体是手工检索背景下所不能达到的。

2. 服务内容的个性化

网络上开展的参考咨询服务，相较传统图书馆的咨询服务有较大的差异，它是针对个体开展的个性化服务，并不是单纯地依靠图书馆内部的物理环境开展的，而是思索不同用户所处的物理环境为核心开展。提供给用户的不仅有图书馆内部的资源，还有虚拟空间资源。让读者能够学会自主对于信息资源进行检索，从而达到图书馆服务工作的最好的状态，数字背景下的参考咨询服务中的文献下载、文件编辑和超文本链接等多个功能，是更为便捷，能够节约时间的一种服务方法。

（三）数字参考咨询的服务程序与方法

数字参考咨询服务工作是针对网络用户提出问题进行的，但是与传统的咨询工作又具有差异，能够直接与用户面对面沟通交流，了解用户的实际需求，是在传统咨询服务工作开展的基础上，强化知识层面的深度。

（四）数字参考咨询服务的模式

1. 异步数字参考咨询

异步服务是数字参考咨询最简单、最流行的模式，通常采用电子邮件、网页表格、信息快报系统、留言板、常见问题解答等方式或几种方式相结合实现。

基于电子邮件的参考咨询一般是在图书馆网站的主页或某个网页上设立“参考咨询”或“询问图书馆员”链接，通过该链接可咨询问题以电子邮件方式将答案送给用户。早期的电子邮件受网络的限制，只能传送文字资料，声音和图像资料无法传播。电子邮件参考咨询服务的优点是：

第一，方便接入，不受时间和空间限制，但这主要体现在问题提出这一环节。

第二，系统设计简单，设备资金投入少。借助网络服务器和电子邮件服务器，设计一个参考咨询的网页，为参考咨询馆员开设电子邮件账户，在网页设置工作链接，就能开通服务。

第三，免费、公益性的服务。

第四，问题类别有一定限定。目前多数图书馆将基于电子邮件的参考咨询服务限定在事实型、简单检索型和涉及图书馆服务本身的问题。对于过于复杂的问题，只提供检索途径和方法。

不足之处主要表现在：

第一，私密保护。图书馆至少在一段时间内要保留读者的提问邮件，其中包含一些读者个人信息，图书馆要采取措施使这些信息不被第三方接入，在研究过程中也不允许披露读者个人信息。

第二，系统的安全性比较差，互联网中的各种各样垃圾邮件十分常见，而在电子邮件的数字参考服务开展过程中，会导致这些垃圾邮件的传输拥有了相应的渠道。

第三，交流不足信息邮件是属于异步处理，读者和参考员之间缺乏实时沟通交流。由于沟通交流的及时度不高因此导致参考馆员并不能准确的对于读者的实际咨询需求进行分析，因此给出的答案也不一定满足读者需要。

第四，回复的时间不固定，电子邮件的咨询服务不能迅速地对于用户提出的问题进行回答，而用户在提出问题以后，需要等待一定的时间，然后才能获得回复。通常情况下服务公约里都有一个承诺的工作日服务期限。

第五，标准化和自动化程度较差，运用电子邮件促进问题解决不同的参考。咨询馆员回答的风格具有差异，并没有一个统一的标准，而且整体的问题流程管理和知识库构建都是运用人工的形式，很容易由于人工失误的问题导致服务质量受到影响。

2. 实时数字参考咨询

由于异步服务无法实现，传统图书馆中面对面咨询的交互作用依旧是咨询的主要方式，因此人们开始运用全新的方法与技术，希望能够实现实时交互的数字参考服务，而实时交互的数字参考服务是模拟面对面的咨询参考服务环境，从而解决在网络非实时背景下的参考咨询问题存在的问题。图书馆内工作人员和读者职业可以通过文字、声音和图像展开信息交流与网络信息的共享，并能够共同浏览不同形式的文件完成沟通过程。

实时参考咨询服务的优势如下。

第一，及时性。读者运用网络就可以使用图书馆内的资源，并且也可以获取与传统环境较为类似的及时服务，当读者在图书馆区域服务之外，这种服务就能发挥出效果。第二，指导性。系统能够让馆员了解到读者在接受服务过程中的不同浏览活动，并且也可以引导读者完成信息检索和电子邮件服务，相比较而言指导性更为显著。第三，充分性。通过运用先进的网络传输技术，就可以让读者与参考馆员把一些没有说清楚的细节内容二次沟通，就像面对面交流一样，较为充分，能够确保馆员迅速对读者的实际需求进行分析，从而帮助读者获得最终满意的成果。第四，人性化。实时交互，给人们的感觉就像是面对面诉说一般，并能够及时给予反馈和解答，视频技术的使用能够使这种模式与传统的参考咨询服务更为类似。第五，方便性。通过运用实时交互虚拟参考系统，不但能够让读者随时随地提出问题，也能够让馆员随时随地帮助读者解决问题，例如在办公室和家中都可以促进问题解决。

实时数字参考服务也存在一些问题。首先，实时参考咨询服务针对图书馆来说经济压力较大，成本比较高。其次，实施服务、开展多任务共同运转难度较大，馆员无法针对读者沟通集中精力对信息进行检索。再次，搭建专业的参考咨询服务队伍对参考咨询馆员的综合素养有较高的要求。最后，问答知识库的维护工作具有较高难度实时交互的咨询内容，比较繁琐，虽然系统能够把问答过程记录下来，然而仍需要对管理工作的核心技术问题进行解决，单是进行数据库整理，就需要投入大量的人力和资金。

3. 合作数字参考咨询

对于相当一部分读者来说，现在的问题不是信息不足，而是太多太复杂的信息让他们无所适从。他们不再满足于借助网络搜索引擎搜索大量似是而非的信息，而是希望有人告诉他们哪些信息是权威可靠的，希望专家在众多信息源中指出最有价值的信息源。这时，他们想到了求助于图书管理员。因此，人们重新审视图书馆参考馆员存在的价值和意义，同时也对他们的工作提出了更高的要求。然而，异步和实时数字参考咨询服务的便利性和快速性很容易导致参考咨询请求数量的急剧增加，参考馆员越来越多地遇到难以解决的复杂问题，如超出自身知识范围和图书馆可用资源有限。另外，图书馆为了实现“24/7 虚拟参考咨询服务”的目标，需要投入太多的人力物力，一般难以承受和维护。因此，需要多个图书馆、多个地区的图书馆、多个国家之间的图书馆、图书馆和其他信息机构联合咨询，这促进了合作数字参考咨询服务的诞生。

二、大数据在数字图书馆信息服务的创新应用

图书馆作为储藏知识信息的场馆，是现代社会公共服务体系的

重要组成部分。近十几年来，数字图书馆建设的步伐大大加快，图书馆所拥有的数据已经极其庞大并且数据类型也多种多样。特别是近年来，数据量增加的速度更是以前难以想象的，目前大多数图书馆已经基本上具备了大数据的特征。而随着大数据时代的开启，大数据更是逐渐成为图书馆发展过程中的核心内容，图书馆自身服务水平和服务质量的提升也越来越需要使用大数据作为有效支撑。

（一）大数据背景下的数字图书馆

针对各大图书馆而言，持续丰富和优化文献资源是其永久工作重点。同时，为了提供更高质量的服务，图书馆需要不断创新。要实现这一点，需要对读者的阅读偏好进行准确的分析，以便为不同类型的读者提供具有针对性和个性化的服务。未来图书馆的业务创新和发展方向也应该注重这一方面。所有这些工作都建立在数据的基础上。目前，图书馆采集的数据主要包括馆藏知识数据、用户数据和工作数据。

现今的图书馆已经经历了数字化过程，数字化的图书馆拥有庞大的数据库资源、电子书资源、纸质图书转换的数字资源，以及各种音频和视频资源，这些都属于图书馆的馆藏知识数据。这类数字资源的总量庞大，而且还在不断迅速增长。用户数据包括问卷调查和用户使用图书馆资源时产生的交互数据。在大数据时代，需要全部样本数据而不是抽样数据，因此，传统的问卷调查数据已经无法满足大数据的需求。用户交互数据包括用户到馆使用图书馆资源时产生的交互信息，以及用户在网上访问图书馆系统时产生的交互信息，其中包括用户信息、借阅信息、咨询信息、查阅和下载的数据信息、用户访问的入口信息等。这些信息在大数据时代已成为最重要的资源，它们是动态变化的。通过采集和分析这些信息，可以及时了解用户的知识信息偏好和阅读需求，以便及时提供用户所需的服务。工作数据主要包括图书馆内所有员工在相关工作过程中产生并留存的数据信息。除图书馆这些自有数据外，图书馆还应该对非结构化的数据建设加强重视。可以与其他数据来源方通过合作协商的方式，在个人信息保护法允许的范围内，采集更多与读者行为有关的数据信息，然后再进行整合处理，补全相关的维度标签，完善用户画像，尽可能地应用大数据技术分析出读者在阅读偏好和服务需求方面的更多信息。这样，图书馆便能基于对读者相关行为信息的数据分析，构建智能化的图书馆管理服务平台，让广大读者享受到大数据和智能化设备给他们带来的便利。同时，读者还可以根据自己的实际需求进行相应搜索以及整合，进而获得自己所需的信息。读者在对信息进行定制时，可以选择界面方式、服务方式以及资源方式，确保搜索到更加有用的图书以及电子期刊和数据库等。

现在国内外一些大学的图书馆还推出了移动端的 APP 应用，学校的老师和学生等校内用户都可以直接在手机等移动网络设备上，登陆校内的网络智能图书馆系统。该系统不仅向校内用户提供相关的图书文献检索、图书借阅及费用信息记录查询等相关服务，还会提供相关的电子图书、期刊的在线阅读服务。同时，还会采集用户日常的书目期刊检索查询、行动位置轨迹、阅读时段等方面的信息，并结合用户的相关注册信息进行聚类分析，了解每位用户的知识信息需求和阅读习惯。这样图书馆就可以根据这些分析结果，及时补全和更新最受用户关注、被检索和借阅最频繁的相关图书期刊资料，还可以根据每位读者的阅读偏好和专业知识信息的需求，推送读者可能需要或想要了解的各专业领域最新的知识信息，更好地为广大师生服务。

除此之外，大数据还能为图书馆构建全新的知识服务引擎提供必要的技术支撑。并且在技术应用于管理过程中还可以不断反馈信息，如果相关环境发生变化，大数据技术可以预测未来可能发生的故障并为图书馆制定相应的解决方案提供可靠的数据参考。如今，人们对知识信息的需求不断增长，阅读需求也日益多样化和个性化。因此，能够进行资源整合和全样本分析的大数据技术必然会不断被应用于图书馆的各项业务工作中，成为图书馆业务创新和未来发展的重要方向。

（二）数字图书馆的建设依赖大数据的支持

数字技术为人与书、人与人、馆与馆之间的有机连接提供了便利条件。数字技术的使用也成为了现代图书馆有别于传统图书馆的重要标志之一。然而，随着数字技术的高频使用，各级各类图书馆使用的信息系统与设备日趋繁杂，智能应用场景与规模不断攀升，呈现出系统部署分散、数据标准不一、管理难度增大、无法集中进行深度分析等难题。因此，如何消除信息壁垒，打造业务协同、数据共享的综合管理平台，成为智慧图书馆进行数字化创新实践的重要方向。

为了更好地破解难题、更好地探索这一重要方向，实现数据的一体化、可视化管理，为读者提供智慧服务，为管理者提供决策支持，打造一键式的智慧管理平台，促进服务和管理水平全面提升，很多数字图书馆启动了智慧管理平台的建设。平台采用数字孪生、大数据等技术，通过构建基于微服务架构的数据中台，实现对图书馆的人、资源、设备、环境、过程等要素的全面感知、广泛互联、深度融合与可视化管理，为读者提供多样、优质、便捷的服务。

一是服务数据的实时呈现。读者服务平台实时呈现环境数据、运营数据、借阅排行、热门新书推荐等信息，读者可获取信息浏览、图书预约、阅读导引等服务。同时，还通过智慧大屏实时展示图书馆举办的各类讲座、展览、沙龙等读者活动，吸引读者参加。

二是基于读者画像提供精准服务。根据读者的个人信息、到馆频次、行为偏好、借阅内容、各项指标的排名等信息进行读者画像分析，实现针对群体和个人的新书推介与知识定向投送，使服务更加个性化、精准化、智能化。

三是资源的便利检索。将纸质资源和数字资源进行初步整合，读者通过统一的检索入口，即可查询图书馆书目资源和全部有访问授权的信息资源。

四是资源的便利获取。除到馆检索、咨询获取相关服务外，读者还可以远程访问图书馆资源，通过云借阅平台外借图书，让读者足不出户即可享受网上借书、快递到家的服务。

（三）大数据思维在图书馆信息服务中的应用

一是大数据思维可以引发图书采集的新方法。

首先，图书馆可以面向大众开通全民图书采集系统，对读者的书单进行相应的调查，并将其上传到数字图书馆中，对于读者选定的图书，只要被确定收藏后，即可进行阅读。其次，可以在图书馆借阅外增设各服务点借阅，使用这种方式能够极大地将图书采购权交给读者，使其根据自身需求选择相应的图书，提升全民阅读量。

二是大数据思维可以推广阅读。

在大数据思维的背景下，数字图书馆不仅能够积极推进全民阅读，还能促进业务的转型，以读者的技能培训作为重要目标。因此，运用大数据整体思维，能够有效对图书馆潜在用户提供方便的服务，使其能够在很大程度上转变成为数字图书馆正式用户中的一员，在一定程度上实现全民阅读。其次，还可以在各个公共区域中的商务楼、大商场、咖啡厅、道路两旁等位置设置 24 小时自助借还书机或者设置相应的服务网点，使其能够在想阅读的时候进行充分地阅读，进一步实现全民阅读的重要目标。

三是加强数字图书馆资源的组织和加工。

以构建面向全社会的数字图书馆资源组织架构。这包括将数字图书馆内外的资源建立语义关联，深入到知识建构的加工，利用数据挖掘技术和软件分析工具，提升图书馆情报领域的主题词表和分类词表的应用和共享能力。

四是通过智能思维来丰富图书馆个性化服务的内涵。

基于对大数据的分析，实现对信息服务热点问题的感知和预测用户的信息需求，建立互动体系，培养用户的信息素养，提供支持和帮助。同时，建立公众号平台，定期为用户推送内容丰富的个性化信息，开通评论，让读者能够直接、有效地对图书馆反馈问题和提出阅读建议。图书馆网站也应提供各种资源下载和查阅，制定不同的信息服务和服务模式，优化业务环节。

（四）大数据时代下的创新与进步

随着数字技术的快速发展，人类社会正在经历一场前所未有的变革。在数字时代，各行各业都在不断地迭代和创新，推动着世界经济和社会的不断进步。数字技术成为了创新的驱动器，促进着科技、商业、文化等方面的发展，大大拓宽了创新思路和空间。

首先，数字技术在科技领域中拥有巨大的优势。通过利用人工智能、大数据、物联网等先进技术，传统行业正在向数字化、智能化转型。例如，在医疗领域中，数字技术应用于医学影像诊断、精准治疗等方面，帮助医生提高了工作效率，提升了医疗服务的质量。在工业领域，实现智能制造，数字化管理的方式更是让生产效率得到了极大提升。所有这些都离不开数字技术的发展与创新。

其次，在商业领域中，数字化正在改变着商业模式与服务方式。电子商务、在线购物、移动支付等新兴业态已经成为了现代商业的主流。同时，利用人工智能、大数据等技术进行市场分析和预测也成为了商家获取客户资源、提高销售量的重要途径。数字技术的发展给商业注入了新的活力和动力，也推动着商业转型与创新。

再次，在文化领域中，数字化正推动着文化产业的创新与传播。通过数字化技术，可以将文化内容进行数字化处理，保护和继承文化遗产。同时，数字化也能够让文化产品的生产和消费更加多样化和普惠化，让用户有更多的选择权利。例如，数字图书馆、在线博物馆、数字音乐等新兴文化产业都在不断地拓展着文化的范畴与内涵。

大数据时代下的创新与进步是不可回避的趋势。数字技术作为创新驱动器，正在促进着各个领域的变革，提高着社会经济效率和创造力。我们应该积极拥抱数字时代，不断学习、创新，为未来做好准备。

随着大数据时代的到来，数字图书馆也面临了创新与进步的机遇和挑战。数字图书馆在大数据时代需要处理更多更复杂的数据，因此需要更强的数据管理和处理能力。数字图书馆可以采用云计算、分布式存储、大数据分析等技术，来提高数据处理的效率和准确性。数字图书馆中的数据可以被更广泛地利用和分享，促进学术交流和知识创新。数字图书馆可以采用开放数据的模式，使数据更容易被获取、使用和再利用。数字图书馆可以采用数据可视化和交互性的方式，使数据更加生动和易于理解。例如，数字图书馆可以通过数据可视化技术展示学术趋势和研究成果，或者通过交互式应用程序提供更好的用户体验。数字图书馆可以通过大数据分析技术了解用户需求和行为，提供更加个性化和精细化的服务。例如，数字图书馆可以通过分析用户行为来推荐相关的学术资源，或者提供更加定制化的搜索体验。数字图书馆可以通过数字化技术来增加和更新数字资源，使资源更加全面和丰富。例如，数字图书馆可以数字化历史文献、地图、图片等资源，使这些资源可以更加方便地被利用和分享。大数据时代为数字图书馆的创新和进步提供了无限的机遇和挑战。数字图书馆可以通过不断探索和创新，使自身更加适应大数据时代的需求和发展。而且还需依法依规，保障用户的信息安全。

《中华人民共和国个人信息保护法》旨在保护个人信息的合法权益，规定了个人信息的收集、存储、使用、传输、披露等方面的要求和限制。根据该法，个人信息的收集必须依法合规，应当明确告知被收集人信息收集的目的、方式和范围，并取得被收集个人信息主体的同意。个人信息的收集还应当遵循合法、正当、必要的原则，并且应当将收集的信息用于约定的目的，不得超出必要范围。

在数字图书馆的信息服务中，应当明确规定，涉及个人用户信息的收集，应遵守《中华人民共和国个人信息保护法》的相关规定。具体而言，数字图书馆需要明确告知用户个人信息收集的目的、方式和范围，并取得用户的明示同意。数字图书馆还应当采取合理的安全措施，保护用户的个人信息不被泄露、篡改或滥用。

三、数字图书馆的个性化推送服务

（一）云计算技术

云计算技术为图书馆服务管理实现优化创新发展提供了契机和动力支持。同时，在人本化社会发展理念中，图书馆建立人本化的信息服务已经成为当务之急。在云计算技术的帮助下，图书馆的个性化服务得到了实现。图书馆在人类文明社会发展中发挥着重要的作用，从表象来看，图书馆是展开信息搜集、整理，以供人阅览、参考的机构，但是从本质上来说，图书馆具有信息资源的开发利用、人类文化遗产的保护继承以及参与社会教育的重要职能。随着社会的发展进步，图书馆所承担的工作职能越来越精细化、个性化。特别是随着以人为本理念的贯彻落实，要求展开个性化的人才培养、个性化的服务管理之后，图书馆的信息服务实现个性化趋势发展已是大势所趋。本节从图书馆个性化信息服务的现状入手，分析在云计算环境下的图书馆个性化信息服务的优势，开展图书馆利用云计算技术提供个性化服务的建设实践探究。

（二）图书馆个性化信息服务建设的现状

20 世纪末，美国图书馆与信息技术协会指出了新的时期图书馆发展的趋势，其中个性化服务成为图书馆未来发展的第一趋势。信息技术、网络技术的迅猛发展为图书馆个性化信息服务提供了有力的技术支持。同时，随着经济水平的提升，读书已经成为全民休闲娱乐、工作创新的重要方式，不同的用户对于图书信息有不同的阅读需求，要求图书馆能够更好地支持用户的生活态度和信息需求情况，为图书馆的发展提供更加精细化的目标方向。在此趋势下，图书馆必须能够借助新时期的新技术手段，不断地完善自身的个性化信息服务体系系统。

图书馆个性化信息服务是基于数字时代、网络时代所提出的新的发展要求。在图书馆现有的发展趋势下，其个性化信息服务建设并不是一帆风顺的，而是存在诸多问题。

第一是缺少足够的创建资源。建设个性化信息服务体系，需要对传统的图书馆信息存储方式进行更新。如为图书馆配备数字化平台，配备足够的硬件、软件设施。还要拥有数字化的人才队伍，能够及时对读者日益变化的信息阅读习惯进行个性化定制的更新换代。但是当前大多数的图书馆不论在资金还是在人才队伍方面都存在较大的不足。如新图书馆的筹建需要足够的资金，一味依靠财政拨款实现创建的可能性不高；图书馆的从业人员一般都是从外部招考进来，其缺少信息化建设、个性化建设的实践能力。

第二是图书的个性化服务程度较低。个性化信息服务系统要能够深度地挖掘读者潜在的信息需求，而非提供“本月阅读书目推荐”这类浅层的个性化信息服务。但是在当前的图书馆个性化信息服务实践中，由于图书馆自身发展的资源不存在独特性，读者在阅读方面的差异化需求挖掘程度不够，导致图书馆的个性化信息服务停留在表面。

图书馆个性化信息服务是现代化社会建设发展的大势所趋，也是图书馆自身实现可持续发展的重点所在。随着新的技术手段的创新发展，当前我国图书馆的个性化信息服务得到了一定的发展创新。

（三）云计算技术在图书馆个性化信息服务的优势

1. 云计算技术能够处理海量数据

云计算技术具有大量的虚拟化技术，能够提供互联网相关服务，具备更加稳定的广泛的性能。如云计算技术凭借着TB级别的数据处理和数据挖掘技术，大大提高了数据挖掘的质量。同时，云计算技术是随着分布式处理、并行处理和网络计算的发展而发展的，因此在数据处理过程中其能够完成对数据分析、处理等的并行化实现，将数据处理的效率提高近10倍。在图书馆的海量数据中，云计算技术的运用能够为其个性化信息服务提供良好的技术支持。

2. 云计算技术具有可定制性优势

个性化信息服务即实现信息的定制化发展。在图书馆的个性化信息服务中，要求能够对于每一个读者的阅读习惯等提供更好的定制信息。主要是因为云计算的原型系统采用的是插件式的算法封装，其能够灵活地推展并行数据，并且提供详细的内部细节。

（四）云计算技术在图书馆个性化信息服务中的实践应用

1. 为图书馆个性化信息服务提供信息推送和信息反馈服务

在图书馆的服务中，提供足够的信息数据是其根本要求。即在读者的阅读活动中，图书馆最起码要能够多渠道地为读者提供信息内容，并且能够接收到读者的反馈信息，形成同读者个性需求的互动交流。

第一是展开信息推送。在图书馆数字化服务发展的最初阶段，借助网络平台来展开信息数据的推送。但是随着云计算技术的应用，其信息化服务的形式越来越多样，如传统的邮件、站内推送已经成为常态，同时还增加了微信公众号推送、短信推送等方式，更好地满足不同读者的不同需求。

第二是信息反馈。在数字化图书馆管理目标下，图书馆的个性化信息服务往往是由读者单方面接收到相关的推送信息，但是对于一些读者而言，其觉得所获得的信息资源过多或所获得的信息资源不符合自己当前的发展需求，于是可以通过登录到数字图书馆的个人信息库中完成更改。这主要是基于云计算技术的推动，得以在网络平台中能够按照用户的个性化需求进行相关内容的更改。

2. 降低图书馆个性化信息服务接入所需的终端设备要求

数字图书馆的建设需要依靠大量的软硬件设备，同时读者接入数字图书馆中还要求采用计算机接入的方式。目前虽然开发了一系列的移动设备接入方式，但是由于移动设备的自身配置无法同计算机的配置达到同一水平，便出现了信息堵塞、网络不通畅、个性化信息传递不及时的情况。而在云计算技术的应用发展中，其对于移动设备的配置需求较低，一些被开发出来的手机 APP 即可简单地进入到图书馆的资料数据库中，完成对文字、图片等各种数据资源的下载和浏览。

3. 为图书馆个性化信息服务提供动态交流服务活动

图书馆个性化信息服务更多的是以一种静态的、单向式方式存在，对于个性化服务的定制，要根据读者之前的浏览需求以及各种数据展开信息数据的处理分析，才能定制出个性化服务内容。其缺少定制的动态化管理，因此整体上存在智能性、动态性不足的问题。而云计算技术的应用将引入智能 Agent，该软件能够实现对计算机系统更加主动、更加协调化的处理，从而展开对读者的个性化信息服务需求的动态定制更新。更重要的是，云计算技术还能够实现对交流平台的构建，通过平台能够将所有的读者都聚集在一起，将读者同图书馆的数字信息沟通在一起，形成 P2P 服务模式。一个读者可以根据自己的阅读体验同另一个读者产生沟通，提高图书馆信息沟通交流的效率，还可以实现对个性化的社会网络平台的创建，发挥个性化服务的社会性和开放性功能。

基于云计算环境的图书馆个性化信息服务体系实践应用，未来将会朝着智能化、科技化、个性化方向发展，所提供的信息数据也将会呈现高质量、高效率的特征。而这一切的根本前提在于图书馆能够提供足够的技术支持展开对云计算技术的开发利用，拥有足够的人才队伍进行个性化信息服务系统的优化升级。

图书馆在社会资源信息的发展管理、社会宣传教育等各个方面都发挥着积极的作用。随着人类社会朝着智能化、科技化、个性化等方向发展，图书馆管理工作人员只有积极学习新科技、新理念才能够更好地适应社会发展需求而不至于被社会边缘化。因此，在云计算环境下，图书馆信息服务实现个性化发展将成为图书馆寻求新的发展生机的重要举措。通过实践探究可知，云计算技术具有快速且强大的数据处理技术，具有可定制性，能够很快完成图书馆信息个性化发展的信息推送和信息反馈，完成对每一个读者的个性化信息的定制。在图书馆的个性化信息服务实际建设中，存在资金不足、个性化服务形势单一等问题，要求在具体的图书馆管理中能够实现对相关硬件设施的配齐，如在 IAAS（Infrastructure as a Service，即基础设施即服务。）基础上提供云计算个性化信息服务，还要求能够统一平台服务，满足图书馆的经营管理目标。所以，基于云计算技术实现对图书馆的个性化信息服务建设应用，能够为读者提供更加丰富的资源、更加便捷的阅读通道。

第二节　图书馆的立体服务管理模式创新

一、泛在知识环境下图书馆立体服务模式概述

要研究图书馆立体服务模式，应先对立体服务及其模式进行界定，图书馆服务的优劣主要是从是否真正满足用户需求的角度来判定，信息服务及其模式就是主要的研究方向。这里将从管理的角度和这些服务模式立体交叉相生相长的角度进行阐述。

（一）泛在知识环境下图书馆立体服务模式的概念

图书馆信息服务是图书馆根据用户的信息需求，广泛收集各种信息并对信息内容进行整序、分析、综合处理后，以一定的技术手段和方式提供给用户，满足用户信息需求的一种活动。泛在知识环境下的信息服务主要指网络技术日益发达，信息渠道日益宽泛的情况下，通过各种方式和渠道对信息获取、存储、处理、传递并提供利用的服务。信息服务模式是信息服务机构为了满足用户的某种特

定的信息需求，收集、整理、提供信息服务所遵循的流程或范式。

图书馆立体服务模式在无处不在的知识环境下，图书馆利用现代化的新技术，利用物理图书馆、虚拟图书馆收集网络资源等所有可利用资源，利用图书馆人的智慧，利用图书馆各组成部分和服务模式，相互联系、结合、协调运行、立体交叉、协同持续发展，满足用户特定服务需求规律性的外在表现。该模式是信息资源、技术资源、人力资源、管理资源等多种资源要素的集合，通过图书馆服务实现其功能和综合优势。

（二）泛在知识环境下图书馆立体服务模式的特点

1. 服务理念人本化

“一切以用户为中心”“用户在哪儿，服务就在哪儿”“以人为本”是立体服务的服务理念。

2. 服务对象广泛化

立体服务不仅针对传统图书馆用户进行服务，还针对网络用户、本地用户和其他地区的用户提供服务，服务对象广泛而深入。

3. 服务内容专业化

开展立体服务要求图书馆馆员要有较强的专业素养，要精通计算机技术和检索技能，利用专业技能为用户提供专业化的信息，开展深度服务并且帮助用户建立自己的信息资源库。

4. 服务方式多元化

图书馆立体服务依托传统图书馆和网络进行服务，服务方式突破时间和空间的限制，呈现多元化的趋势。

5. 服务结构联合化

为促进不同类型图书馆资源共享的综合实力，提高各图书馆立体服务能力，推动图书馆之间的联合，加强服务结构的联合化是必然趋势。

（三）图书馆立体服务模式构建的原则和基本要素

1. 构建原则

构建图书馆立体服务是个大工程，牵涉多个图书馆、多个部门、多方面的因素，如人力、物力、技术等，应遵循以下几个原则。

（1）领导重视，更新观念

一项工作的开展肯定离不开领导的支持，立体服务亦是如此。一个领导的眼界、观念、魄力等对立体服务模式的顺利构建起着至关重要的作用。图书馆领导应从时代发展的要求、开展立体服务的意义等角度出发，多方考察并借鉴他馆经验，结合本地区图书馆开展立体服务所需环境制订详细的规划方案，分析和预测预期取得的效果，以取得上级部门的支持。同时，图书馆一定要摒弃“重藏轻用”的观念，树立“以用为主”的新观念，要有一定的思想认识和进取精神，培养图书馆馆员自觉提升服务的意识。

（2）周密计划，建档备份

每次开展工作都要制订周密的计划，对活动从头到尾做好存档备份工作。从管理的角度来看，可以及时总结问题，发现问题，解决问题，有助于图书馆的评价和对发展方向的调整。从用户的角度，让图书馆馆员及时了解用户各阶段的信息需求、研究热点、服务满意度等。及时分析总结调整有助于改善自己的工作，把握学科的发展研究方向，促进图书馆服务工作的顺利开展。

(3) 开拓创新，用户第一

一切以用户为中心，针对用户的需求开展有针对性的创新服务，积极开拓服务项目，建构合理的服务模式。

2. 基本要素

(1) 服务理念

泛在化立体服务理念是指以客户为中心，以服务为核心的一种全方位、多层次、全过程的服务模式。“以用户为中心”是泛在化服务理念的核心。

第一，以人为本。图书馆工作的原则是“读者第一，服务至上”“服务是贯穿图书馆发展的主线”。泛在知识环境下的图书馆信息服务系统是由信息资源、技术设备、服务平台、用户等构成的一个有机的动态系统，而人是这一动态系统的中心。所以在构建立体服务模式时必须坚持以人为本的服务理念，面向用户的信息需求来提供服务，一切以用户为中心，并将这一理念贯穿整个服务始终，实现用户在最短时间内以最节省的方式获取最多、最优质的服务。

第二，主动服务。新环境下用户利用文献信息的特点决定了图书馆应突破传统观念的服务方式和服务阵地，汲取新环境下图书馆服务的理念和技术，主动将服务延伸到用户的工作、学习、生活的方方面面，即时获取用户信息需求动向，提供及时、主动、全方位服务。

第三，平等获取。国际图书馆协会联合会在 2014 年年会上发布《信息获取和发展里昂宣言》中“基于人权的框架下”的第四条明确提出：推动和保障平等获取信息、言论自由、结社和集会自由及隐私等权利，并视之为保障公民个人独立的关键。

（2）人才保障

图书馆馆员是知识载体和信息服务的实现者，是图书馆最基本、最活跃、最关键的因素。泛在知识环境下的图书馆馆员是“文献的管理者”“知识导航员”“信息开发者”。具备丰富知识和综合才能的复合型人才将成为图书馆专业人员队伍的主流。

第一，基础知识。图书信息专业知识、计算机知识和网络技术、外语知识、语言学知识和与图书馆信息资源的开发利用管理密切相关基础科学知识。

第二，服务能力。引导和传授用户正确检索信息的信息导航能力，如引导用户正确使用检索语言、掌握检索方法、传授检索技巧、培养用户查全及查准的自检能力等；利用专业知识对各种专业数据库进行综合分析、判断信息质量及其利用价值的专业知识综合能力，如某一学科方面的信息咨询专家；掌握计算机、多媒体、通信、数据库等各种新技术的应用能力，如掌握文献信息检索、图书馆业务自动化管理、数据库设计等方面的应用；具备对文献进行整理加工的能力，如调查研究、积累资料的能力，搜集和筛选信息、存储和输出信息的能力，以及开发信息的能力等。

第三，管理能力。图书馆需设置合理的人力资源配置方案，建立灵活的调配机制，使图书馆馆员之间能够充分协调、互为补充，发挥其强大的信息服务能力。

(3) 资源优势

图书馆的资源是图书馆提供服务的总和，包含了图书馆建筑资源、设备资源、人力资源、图书馆内部的文献信息资源等。图书馆建筑资源属于图书馆在日常服务过程中的核心场所，包含了图书借阅、阅览和咨询场所，还包含了对文献信息内容进行储存的地点，以及让读者休闲娱乐的地点，除此之外，还能够对图书馆内部的计算机系统和水电设备运营进行管理，图书馆的设备资源包含了计算机及网络设备和相关的其他图书防盗设备等。而这些设备本质上而言都是会直接运用在图书馆中给读者提供服务的，也是图书馆日常活动开展中不可或缺的服务资源。图书馆内部的人力资源是依靠于图书馆内部资源所提供的，图书馆内馆员图书馆的文献信息资源是图书馆核心服务工作开展的基础，包含了传统图书馆资源和数字图书馆资源。传统的图书馆资源主要是纸质资源。数字资源不仅包括传统的电子资源，还包括自建数据库、主题数据库、学科导航数据库、电子学习系统、移动图书馆、资源共享平台、可下载网络资源等多种数字资源库。

图书馆拥有丰富的馆藏文献资源，特别是高校图书馆，不仅在资源总量上比较有优势，而且根据特色资源的建设和特色学科的发展，倾注了更多的人力、财力、物力的投入，形成了各具特色的特色馆藏，往往在某些方面拥有比较深刻和权威的文献信息资源。

(4) 技术支撑

泛在知识环境的产生得益于信息网络技术的迅速发展，图书馆立体服务模式的良性运转依赖的是强大的技术支撑。主要技术如下。

第一，以 Wiki、Blog、RSS、Tag 等为表现形式的 Web 2.0 技术。图书馆运用这些技术为泛在环境下拓展图书馆信息资源、延伸图书馆信息服务、进一步提升图书馆服务理念提供了可能。

第二，以语义网为内涵的 Web 3.0 技术。语义网使机器和人的交互性能更强，以手机图书馆为代表的各种服务平台、虚拟化社区使图书馆服务空间更加智能化、个性化和知识化。

第三，从 3G 技术到 5G 技术。图书馆服务大部分是基于 3G 技术开展的，5G 是第五代移动通信及其技术的简称，特征是具有更大的数据吞吐量、更高的数据传输速率、更好的兼容性、真正的无缝覆盖、随时随地地移动接入、更高的安全性、更广泛的应用领域和更独特的个性化。随着 5G 时代的到来，图书馆将发生很大的变化。移动图书馆服务质量会大大提高，而且会大大降低用户使用移动图书馆的成本，用户可以更加快捷地下载和利用资源，也有利于图书馆提供更加贴心的个性化服务。

第四，云存储。是云计算技术的一个延伸，是一个配备了海量存储空间的云计算系统，为用户提供对传统文件的访问，海量数据的管理与维护，用户的正常访问，提供网上海量数据的存储服务，等。云存储为图书馆带来了数据存储的新选择，可以减少图书馆资金投入、推动信息共享等，为图书馆开展业务工作提供了技术保障，为读者顺利获取信息提供了稳定的环境。

第五，物联网。目前我国高校图书馆在物联网方面的应用主要体现在智能馆藏管理系统。

第六，移动计算技术是伴随着国际互联网、分布式计算、移动通信等技术的发展而兴起的新技术。移动计算技术的应用可以将数字信息资源准确及时地提供给不论身在何时、何地的所有用户。智能手机、平板电脑和电子书阅读器的普及，以及手机信息处理功能的增强为移动计算的应用奠定了基础。用户通过无线移动数字图书馆系统可以在任何地点、任何时间进行手机与图书馆的交互，完成在手机平台上的查询、借阅、浏览馆藏、预约及接收通知等服务功能。手机图书馆提供全天候的服务，可以实现图书馆的电子文献、期刊、图书等数据信息资源的在线实时阅读，展示了移动计算的强大优势。

第七，新媒体技术。新媒体目前常常被称为“第五媒体”，是通过互联网、无线通信网、有线网络等渠道采用数字及移动技术等，为用户提供信息和娱乐的媒体形式。新媒体主要有数字电视、掌上媒体和互联网媒体。新媒体技术应用主要有利用分众分类模式和 Wiki 等建立图书馆的信息资源数据库、利用搜索引擎建设谷歌图书馆、利用数字电视开辟图书馆新的服务栏目、利用移动通信媒体进行高校图书馆的数字化建设和利用 RSS 进行高校图书馆的信息发送服务。

第八，数据挖掘技术。也可以称为数据库中的知识发现，是指从大量的、先前不知道的、模糊的、随机的、详细的数据中提取隐含的、潜在有用的、完整的信息或知识的过程。它是在已知数据样本的基础上通过对数据的统计、分析、综合、归纳来揭示事物间的相互联系，预测事物未来发展的趋势，解决工作中出现的实际问题。图书馆还可以根据用户以往的借阅记录和经常访问的网页进行分析、挖掘，了解用户的兴趣爱好、研究方向等，发现用户的检索规律和知识模型，从而确定个性化服务的内容。

第九，XML 技术。与 HTML 技术相比，XML 技术不但可作为结构化数据库使用，而且可以通过自定义标签来表示非标准结构的文本信息。XML 技术在数据传递时不需考虑物理设备、操作系统和编程语言，因而是最适合的数据传递工具，可以实现诸如建立通用数据模型、翻译异构数据和实现数据存储、发布、查询、索引等功能。在建设特色数据库方面也起到了很好的效果，通过 XML 技术能对元数据间的成功互换解决特色数据库在建库过程中涉及的多种元数据标准不统一、重复著录和元数据资源浪费严重等问题，有利于资源的共享和平台扩展发展，并可在此基础上开发出更多新功能。XML 技术应用给当代图书馆带来了深刻的影响。

除了以上技术支撑，用于图书馆信息服务的技术还有信息采集技术、元数据、信息加工技术、自动标引与人工标引技术、信息存储技术、信息检索技术、信息推送技术等。这些技术不断地改变着图书馆的服务模式，为构建一个泛在化的图书馆立体服务模式提供技术支撑。

（四）图书馆立体服务模式的构建目标

无论是传统图书馆还是无处不在的图书馆——数字图书馆，其建设的根本点是为了服务，服务的最终目标是满足用户的需求。普遍存在的知识环境中的图书馆，应该以满足用户的实际信息需求和潜在信息需求，为用户提供个性化信息服务为构建立体化服务模式的目标。为了实现真正的立体多维服务模式，用户可以通过该模式使用图书馆提供的高质量服务。

1. 建立以用户为中心，具有良性互动机制的立体服务模式

泛在知识环境具有自由、开放、共享、互动等特点，而这些特点恰与图书馆的服务宗旨相一致。利用新技术构建图书馆服务模式，提升信息服务能力，建立以用户为中心良性互动的发展机制是顺应泛在环境技术发展的需要，满足读者个性化信息需求和加快图书馆自身改革发展的需要。就目前而言，泛在知识环境已经为图书馆搭建互动交流平台提供了 Web 3.0、5G、物联网、云存储等现代化的技术支撑。Web 3.0 的跨语言引擎技术可将个性化门户的各种语言版本进行整合形成一个统一的整体，实现不同语言间的翻译和不同搜索引擎检索的集合，Web 3.0 的个性化信息聚合技术能实现知识共享的个性化和精准化。

随着网络环境的变化和读者获取信息渠道的多元化局面的形成，图书馆传统的咨询台、热线电话等互动信息服务方式在一定程度上制约了图书馆的建设和发展。因此，图书馆应树立开放包容的管理理念，引入智能便捷的服务理念，一切以服务用户为宗旨，搭建用户广泛参与的互动平台，提高用户体验度。比如，可设立一个订阅的界面，为读者提供信息推送服务，实现互动信息服务。风靡图书馆界的“豆瓣读书”就是通过发布、存储、分享及传播用户对图书的评论、推荐、个人读后感等信息，让用户分享各自撰写的信息，同时也可以促进图书爱好者之间的交流和互动。用户还可以把互联网上的信息如新闻、天气预报、专业论坛、专家博客等添加到自己的个人图书馆门户中，个人门户之间也可以相互交流、互相链接、共享信息单元。建立手机图书馆和图书馆产生互动，及时获取图书馆相关信息更新，构建图书馆虚拟社区，将论坛、即时通信、在线聊天室、图书馆公告、新闻RSS订阅、数据库信息资源RSS推送、博客等服务整合在一起，可实现馆员和馆员之间、馆员和用户之间的互动交流，使隐性知识得以传播，也拓展了图书馆的利用空间。

2. 建立提供泛在化服务的立体服务模式

图书馆泛在化服务模式是一种基于数字化、社区化和个性化的服务模式，旨在为读者提供更加全面、多样化、个性化的服务。数字化服务是图书馆泛在化服务模式的重要组成部分。数字化服务包括数字化资源的获取、数字化阅读、数字化参考咨询等，这些服务可以通过图书馆的网站、移动应用等渠道提供，为读者提供更为便捷和快捷的服务。为了更好地适应现代社会的需求，图书馆需要建立泛在化服务的立体服务模式。该模式可以提供多样化、全方位、个性化的服务。

（1）服务范围与服务对象的泛在化

泛在化图书馆能够最大程度上让服务的范围得到拓宽，并防止出现传统图书馆的整体服务范围与服务对象不足的问题，把服务开展到更多用户中，在尊重用户平等权利的同时，让他们享受图书馆的服务。有用户的地方就需要开展图书馆服务，这也是图书馆的基础服务理念与核心的发展理念。

（2）服务内容与服务功能的泛在化

在较为常见的知识背景下，用户针对图书馆的信息服务的需求已经超出了现阶段图书馆文献资源所能够提供服务的范围，而全新技术的运用能够进一步强化图书馆服务的实际内容与作用，而图书馆储存与信息传播的能力，在不断提升过程中，用户服务与交互能力都在极大程度上得到提升，用户的体验与实践都能直接参与在图书馆的服务功能里从而促进实现。用户运用计算机或手机就可以随时随地地搜索，从而获取信息内容，还可以使用微博、抖音和微信，随时随地与图书馆内的工作人员和其他用户展开沟通交流，这也让图书馆的服务形式变得逐渐灵活化。

（3）服务场所与服务空间的泛在化

“用户在哪里，图书馆的服务就在哪里”，图书馆的服务与用户的需求形影相随。图书馆及图书馆馆员应从文献服务和信息服务转变为知识服务，开辟新的服务阵地和服务空间，以用户为中心提供用户所需要的服务。实现用户在任何时间、任何地点访问图书馆资源、获取图书馆服务，既不受时间的限制，也不受地理位置的限制。

（4）服务手段与服务机制的泛在化

运用放在环境全新技术方式，对于用户需求不断增长和图书馆人力资源有限的供需矛盾进行解决，就能够创设一个拥有泛在化服务的相关平台，使服务工作能够真正地延伸在用户手里，对于传统的服务方式、机制和服务项目，进行改进与拓宽提升整体服务工作开展的实际效率，将资源、用户和服务三者有机地结合起来，形成一个互动增长的有机体，并将用户需求作为图书馆服务不断创新的动力源泉。

3. 建立能挖掘和外化隐性知识的立体服务模式

隐性知识难以用人脑中蕴含的文字、图表、公式等表达，难以传播和沟通，不易观察和理解，还没有编码，是显而易见的知识。这是在主观和长期经验的基础上积累的知识。隐性知识是图书馆知识服务的后备力量，挖掘隐性知识是提高图书馆知识服务水平的重要环节，是知识创新的动力。广泛存在于知识环境中的用户对存在于个人头脑中或存在于组织内部的隐性知识的需求更强。图书馆将建立适当的服务平台，以促进隐性知识的交流和利用、传播和创新。重点关注隐性知识的挖掘和开发，使这些知识形成凝聚力，在隐性知识的不断整合过程中，达到用户学习能力和知识水平不断提高的目的，同时提高图书馆的服务水平和创新能力。

4. 建立协同合作、多主体参与的联合服务模式

图书馆联合服务是某一地区、某一类型或某一专业的一定数量的图书馆在自愿的基础上进行馆际协作服务的一种形式。参与联合服务的图书馆应在合作、公开、透明的前提下，以合作的方式建立合理的管理体制，组建组织，组成联盟。这种模式具有长期性、稳定性和整体性的特点。图书馆建立以联合服务为基础的立体化服务模式，使各高校的用户都能享受到联合服务体系中的全部文献信息资料，增加了单个图书馆无法提供的服务项目和服务能力，解决了文献信息资源数量和价格急剧增长与图书馆经费不足的矛盾。这些都是图书馆实现资源共享的重要途径。联合服务模式不仅为用户提供了全方位、多层次、高质量、全天候的信息服务，而且充分发挥了不同类型图书馆合作共享的综合实力，促进了传统图书馆与数字图书馆、纸质资源与电子资源的互补共存，促进了区域图书馆与用户的沟通，引领了区域图书馆的整体发展，是高校图书馆的发展趋势。

二、基于信息服务领域的模式创新

（一）“一站式”信息服务模式

图书馆“一站式”信息服务实际上就是服务的集成、整合和利用。图书馆通过对各种不同资源、不同数据库和图书馆服务对象的有效整合，使用户能够随时随地利用最简单的方式一步到位地检索到所需要的信息资源或者享受到图书馆提供的人性化的资源和服务。这是基于网络搜索引擎和网络导航服务的一种服务，也是基于图书馆提供人性化、个性化的一种服务。“一站式”服务可以提高图书馆资源的利用率、服务质量、服务效率以及用户的满意度。

高校图书馆“一站式”信息服务模式由两大分类组成，即“基于图书馆OPAC（Online Public Access Catalog）一站式信息服务平台”和“基于图书馆专业馆员的信息服务平台”。OPAC一站式服务内容主要是各种资源的整合，包括本馆纸质资源馆藏目录和部分电子资源全文及本地数据库、购买的各种中外文数据库、各种数据平台、知识元数据库等。将这些来源不同、类型不同的资源进行整合，使之与图书馆OPAC之间建立有机的联系形成一个信息资源整体。专业馆员的信息服务系统是图书馆通过识别用户身份，由图书馆专业馆员对其需求进行分析和归类，建立个人个性化知识库，为其提供相应的个性化信息服务，实现“一站式”信息服务。用户可以根据自己的需求选择不同的服务平台，也可以根据需要在两者之间来回穿梭以满足自己个性化的需求。

（二）参考咨询服务模式

参考咨询服务的核心模式，包含了传统参考咨询服务模式和数字参考咨询服务模式。传统参考咨询服务模式是指图书馆的日常的参考咨询、电话咨询和表格填写咨询等。数字参考服务模式是指参考图书馆内部工作人员在线去解答一些同步参考的咨询服务，还可以运用表格及网页去提交咨询服务，完成异步参考咨询服务，异步参考咨询服务的整体操作较为便利，并且不会由于时间以及地点的影响，因此在当前的高校图书馆之中的运用已经逐步推广开来。伴随着泛在知识环境的不断发展，参考咨询服务的整体形式和工具也出现了巨大的转变。在线服务、网络咨询和手机图书馆互动等多种数字化参考咨询形式不断出现，使用户拥有了高效、实时、便捷的参考咨询服务体验。

数字参与咨询服务是一种新型的咨询服务模式，通过数字化技术和数据分析技术，为用户提供更加便捷、高效和个性化的咨询服务。数字参与咨询服务可以大大提高咨询服务的效率和质量，满足用户多样化、个性化的需求。

除了常规的数字参考咨询服务之外，国内各图书馆也在积极摸索有特色、有优势的咨询方式，以清华大学图书馆咨询服务为例。智能聊天服务。图书馆改变以往由咨询馆员在后台实时咨询的方式，推出智能聊天机器人“小图”全天候与用户实时进行咨询服务。馆藏地图服务。馆藏地图服务是将馆藏详细的架位信息以地图的方式呈现给用户，用户可以此服务自动定位和查询馆藏所在架位，浏览或查看某区域附近架位的馆藏信息。短信服务。利用手机短信与图书馆交互功能，将和用户相关的通知及时以短信的方式发送给用户，包括个人借阅信息、预约、续借等，也方便图书馆图书催还。订阅服务。把全新的信息内容直接推送在读者的桌面中，而内容既包含了图书馆内部的全新消息，也包含了图书管理。中西全新书籍的通告和商业数据库服务等。图书馆内部的工具条服务。运用图书馆的工具条能够让用户随时便捷地访问图书馆的资源和服务，并且用户还可以通过检索文章、数据库和电子期刊搜索引擎，迅速的链接到一些学术信息资源网站，并运用网站上的数据库导航和期刊导航，就能自主地了解到图书馆全新的公告等。虚拟参考系统咨询。系统拥有较为完善的网络信息服务，并且内容包含了实时咨询、表单咨询和浏览，查询与个人信息管理等多个功能，系统能够全方位地实现包含表单咨询与微博咨询和实时咨询等各种在线咨询形式，并且也能够提供一些传统的咨询方式，例如不同部门的咨询电话，以及面对面咨询的接待地点等。一些常见问题也可通过系统中浏览和检索两个功能得到解决。

1. 基于个性化提问的层次化参考咨询服务模式

针对用户的不同层次信息需求和专业类型等为其定制的体现个性化服务的层次化参考咨询服务模式，这是一种针对用户的个性化提问给予专门解答的主动服务模式。提供个性化咨询服务可以是对单一用户提供专业的服务，也可以是对某一特定群体的服务。针对单一用户提供专业服务时，图书馆需要利用信息聚合功能，将图书馆馆藏资源、某些相关专业的信息资源使用情况、特定用户群体的资源阅读习惯等进行个性化聚类分析，生成具备该用户使用偏好的统计报告，然后通过网络的各种访问形式单独呈现给用户。

2. 基于知识库的联合参考咨询服务模式

基于知识库的联合参考咨询服务模式是一种通过共享知识库和联合咨询服务来提高参考咨询服务质量和效率的服务模式。知识库是基于知识管理系统构建的，包含了各种类型的资料和信息，如图书、期刊、数据库、网络资源等。建设知识库需要通过采集、整理、分类和标注等方式对信息进行处理，使之成为可用的知识资源。联合咨询服务是指多个图书馆、机构或组织共同提供的咨询服务。这些机构可以通过共享知识库和人力资源，提供更加全面、专业和优质的咨询服务。联合咨询服务可以通过电话、邮件、在线聊天等方式提供咨询服务，为用户提供更加便捷和高效的服务。

（三）学科服务模式

1950 年，内布拉斯加大学图书馆开始了学科服务。自 1998 年清华大学图书馆建立学科馆员制度以来，学科馆员制度逐渐发展并显示出强大的生命力和影响力。学科服务主要适用于高校图书馆和科研图书馆，其目的是加强图书馆与院系之间的联系和沟通，帮助师生或研究人员充分利用图书馆的知识资源和服务，也使图书馆能够及时了解院系的需求。图书馆的学科服务，又称学科馆员制度，是指学科馆员深入同行提供深度知识服务的一种开拓创新的主动参与式服务。它是一种动态的信息服务，具有个性化、专业化、知识化、集成化和前沿化的特点。

1. 学科服务模式的类型

（1）学科馆员模式

是利用学科馆员的专业技能和信息素养面向学科用户通过沟通、交流和协作而提供服务的一种模式。以学科馆员为核心，为图书馆与用户之间搭建资源利用的桥梁，促进图书馆信息服务向知识服务转变。学科馆员模式正由“学科馆员—图情教授”的协同服务模式向“学科馆员—嵌入式”的合作服务模式发展。学科馆员模式是图书馆提供学科服务的重要模式。

(2) 学科分馆模式

是根据相关学科的需要按照学科分类，根据一级学科、二级专业、三级研究方向及课程体系等分层次有侧重地开展与之对应的信息资源的建设，并提供检索、收集、加工和利用等的信息获取过程的服务模式。以建设分馆为核心，集中收藏了某一学科的文献资源，更利于提供深层次的服务，是重要的学科服务发展模式。

(3) 学科导航模式

是基于网络平台按照学科分类集成了多种信息资源类型并给出了查找路径和获取方式的一种模式。学科导航模式重点在于“导航”，引导并领航用户查找和获取所需资源。

(4) 学科知识库模式

是以特定学科内的专家、数据库信息、纸质文献和网络信息资源为知识来源，以知识单元为基础存储对象，利用计算机来表达、存储和管理的关于特定领域知识的集合。该模式重在建设知识服务领域，内容集中在某一个学科专题上，通过信息过滤和资源筛选等方式深度整合相关的知识，为用户提供深入且有序的知识。学科知识库模式是深层次的学科知识服务模式。

(5) 学科信息门户模式

在开放式数字信息背景下，把特殊的学科行业的相关信息资源与工具全部都融合在同一个整体里，给用户提供更为便利的学科信息资源检索入口。根据服务集成可以划分为综合性学科门户、多学科门户和单一学科门户。用户在学科门户里就可以针对知识内容展开共享与交流。

（6）学科服务平台模式

学科服务平台是学科服务的虚拟延伸，也是运用全新的技术软件搭建不同学科的应用功能模块，把知识资源、学科管理和用户与计算机技术融为一体的一站式服务平台，拥有显著的多项交互作用。学科服务平台模式是一种以学科为基础，以专业服务为核心，通过大数据分析技术了解用户的需求和偏好，进而提供个性化的学科服务。通过对用户的使用记录、搜索记录、借阅记录等数据进行分析，可以为用户提供更加精准和个性化的学科服务。学科服务平台模式以学科为基础，以专业服务为核心，通过整合学科资源、提供学科支持、建设学科社区、进行数据分析和创新服务，为用户提供更加全面、多样化和优质的学科服务。

2. 学科服务模式的发展趋势

（1）基于信息共享空间的泛学科化服务

美国艾奥瓦大学提出了信息走廊概念，扩建后将名称改为信息共享空间。是把图书馆所提供的文献资源和网络资源，与图书馆内部的工作人员融合在一起，给用户提供一个更为独立的虚拟和物理的空间服务，彰显出将用户作为核心的一体化服务形式。上海交通大学的图书馆运用信息共享空间服务观念，将学科服务作为核心，开展相应的服务工作，依照与用户的个性化需求，打造了一个主题学术交流与沟通的环境，提倡读者之间形成的互动交流，鼓励读者自主参与，协同研究创新自身的思维，而人员合作、资源体系建设、空间布局、知识环境，以及虚拟空间等诸多要素与不同的学科融合在一起，针对学科组织开展相关的科研项目的服务，也对于校内的教育工作、人才培养和科学研究提供了相应的体系支撑，逐步构建了全馆内部的合作服务的范学科化服务体系。

（2）建立学科服务联合体

随着泛在信息环境的深入发展，用户对信息的要求越来越细化和专业化，学科之间的交叉和渗透越来越明显。很难见到用户依靠单个图书馆和学科馆员的学科服务的深层次需求。因此，图书馆之间的合作，以及与其他信息机构的交流和联合将是学科服务深入发展的趋势。多个图书馆通过建立学科服务联合体，在联合体内部建立学科信息和服务的互动平台，构建良好的学科服务内外环境，提高各成员图书馆的服务质量和水平，共同为用户提供系统、深入的学科服务。

三、基于 Web 3.0 的个性化服务模式创新

（一）Web 3.0 个性化信息服务特征

Web 2.0 模式下的图书馆信息服务最显著的特点是信息共享、信息整合和信息服务平台的构筑和开放。Web 3.0 是对 Web 2.0 的继承和突破，是在 Web 2.0 的基础上的进一步延伸，是通过更加简洁的方式为用户提供更为个性化的互联网信息资讯定制的一种技术整合。在 Web 3.0 时代，信息服务平台的构筑已不是人类信息交流机制的主要内容，而是在这个平台基础上深入开发和实现人类社会基于个

性化需求的信息最优聚合的问题。Web 3.0 个性化信息服务具有以下特征。

1. 注重用户操作的可控性

用户范围没有局限，也没有人为的信息交流障碍，用户有可以选择性地操控信息和实现自我的权利和条件。

2. 深度的个性化体验

Web 3.0 用户可以依据自己的个性需求和习惯使用互联网络，互联网用户对 Web 的体验正在由传统的点击、单向、视听体验进入全新的多媒介、多通道、满足生理愉悦的体验时代。

3. 高度兼容和互通

网络设备和应用程序高度兼容和互通。

4. 网络智能化

能够实现对人类语音、语义的理解和计算机网络设备跟人类的双向对话，实现现实人与虚拟生活的双向交流，网络面向个人需求进行的自动过滤功能，以及自动清洁网络垃圾的功能。

5. 用户 Web 数据私有，体现个人价值

Web 3.0 将更加凸显互联网用户个人数据的管理、价值的体现和用户数据的独立性，激发用户参与、体验的乐趣和积极性。

6. 直接交互和聚合

网站间信息的直接交互和聚合。

（二）Web 3.0 个性化信息服务内容

图书馆个性化信息服务是图书馆以其强大的海量资源存储优势，

面向用户提供满足其个性化需求的服务。图书馆个性化信息服务具有主动式服务、针对性服务和被动的积极响应等特征。

“针对性服务”是图书馆个性化信息服务最主要的组成部分和工作内容，即针对用户的需求特性主动或自动进行用户资料的搜集和分析，建立用户资料数据库，定期或不定期地向用户提供差别性的服务，为用户制定不同的服务策略，提供不同的服务内容。图书馆“被动地积极响应”其实是图书馆主动式服务理念的延伸，是在其理念指导之下的图书馆活动的具体实践。

Web 3.0 属于图书馆个性化信息服务的全新网络背景下，也是图书馆应用深层次去匹配个性化用户信息需求的渠道，主要体现在图书馆的个性化定制信息服务、多元化的服务形式和服务内容较为精准几个方面。首先，实时的信息服务属于图书馆，能够匹配用户个性化需求，主要表达运用 web3.0 的信息接收终端自身的特点就能够对不同的电子设备进行互相联通完成信息的实时接收发送功能，确保图书馆和用户之间的对接更加紧密，这样就能够迅速的对图书馆中用户的信息需求了解不足的问题进行解决，并且也能够让图书馆用户的服务工作和用户需求之间形成跨时空联系，使用户能够充分地感知到图书馆随处可见的便利度。这也是人类信息交流以及在社会发展过程中的一种全新尝试。其次，图书馆信息服务形式较为多元化，而图书馆的个性化信息服务的整体外在特征的体现，较为丰富的信息化服务形式能够匹配不同用户的个性化需求，从而营造一个良好的信息环境氛围，使图书馆与周边的社会环境更好地融合。

最后，是提供较为精准的信息资源内容，是图书馆个性化用户对于图书馆相关信息资源服务形成的主观需求也是图书馆自身个性化服务的一个重要表现，这就需要图书馆面对服务个体开展精细化分析，并高质量的给用户提供更为个性化的服务工作。

（三）Web 3.0 个性化信息服务模式

图书馆的个性化信息服务形式是将个性化的信息服务系统作为平台，去确保用户自身的个性化信息需求目标得以完成，而在个性化信息服务工作开展中，对于不同的服务要素进行调整与重建就能打造一种全新的工作形式。图书馆的个性化信息服务的核心目标就是运用特殊的服务形式，按照信息用户的专业化和个性化需求，给其提供更为恰当且具有针对性的独特信息服务。现阶段已经逐步出现了不同种类的图书馆信息服务形式，如信息推送形式、门户模式和呼叫中心模式等。

1. 信息推送模式

信息推送模式通过建立用户画像，了解用户的需求和偏好，提供更加个性化的服务。用户画像包括用户的基本信息、兴趣爱好、搜索习惯、历史记录等，经用户侵权，通过对这些信息的分析，可以为用户提供更加精准和个性化的信息推送服务。web3.0 背景下的图书馆，个性化的信息推送服务更为关注的就是用户数据的自动化，并且智能化的对于信息进行收集与处理，关注了预测的准确度与科学性，从而确保更为具有针对性的提供相应的信息，保证推送服务开展的实际效果，彰显出图书馆的个性化服务的技术优点。

2. 门户模式

是在图书馆个性化整体信息服务实践过程中，能够成功运用的一种有效渠道，较为具有代表性的就是个人图书馆的研发和推广应用。在 web3.0 网络实践过程中，信息模式的运用更加深化，也更为关注用户的操作自主性，以及用户资料的智能搜索和判断，同时给用户提供相对应的策略和服务内容，而这一途径对于高校和科研场所的传统用户来说是一种最为常见的服务形式。

3. 智能代理模式

是 Web 3.0 阶段的图书馆信息服务深入开发和应用的一种模式，是围绕着用户个性化信息需求的满足进行的开发。

4. 呼叫中心模式

是图书馆运用用户动态的跟踪和需求分析，从而了解用户潜在需求，面对用户的潜在需求，以及未来的需求方向，从而给用户传播一些加工完成的信息内容。Web3.0 背景下的图书馆个性化信息推送服务更为关注用户数据的自动分析和智能化收集，并且考虑到了预测的准确度和科学度，期望能够更加有针对性的提供信息，确保服务效果彰显出图书馆的个性化服务特征。

5. 虚拟 3D 图书馆模式

图书馆之中的不同服务作用，共同构成的运用，3D 动画形式彰显出来的以客户个体将用户运用虚拟身份，从而获取全新的真实图书馆信息的一种服务形式，而图书馆这种模式的构建针对用户信息需求的匹配，能够促进用户的身心释放，而这种模式也能彰显出今后 Web3.0 网络背景下的图书馆信息服务工作的主要特点。

四、基于移动图书馆的服务模式创新

移动图书馆是全新技术背景下的图书馆日常服务工作的全新方式是在移动终端设备的数字图书馆应用过程中的延伸也属于图书馆服务形式，创新的表达是图书馆匹配与时代进步和科技发展的彰显，而图书馆内丰富的馆藏资源也能够使移动图书馆的服务开展具有先决条件。在资源支撑基础之上考虑到用户需求，移动图书馆能够确立合理的移动图书馆相应的服务体系、内容和服务形式，对于移动图书馆服务进行创新和传统图书馆的服务与数字图书馆的服务，共同构建，匹配用户的图书馆服务融合，满足用户随处可见的需求。

（一）移动图书馆及其特点

移动图书馆也可以叫作无线图书馆、掌上图书馆等。而最为常见的是公共图书馆的相关服务项目，例如汽车图书馆和流动图书馆用面包车的方式开展服务，主要是针对一些偏远地区的用户。随着远程网络通信的发展，出现了电子移动图书，它直接向用户发送图书馆信息服务家庭通过电子传输。后来，它们逐渐演变成数字图书馆，用户可以通过互联网在线远程访问图书馆的数字馆藏资源。20 世纪末，随着无线通信网络和移动接入技术的逐渐成熟，用户通过手机、PDA 等手持移动设备随时随地接收或访问图书馆信息服务，实现了从移动实体图书馆向移动虚拟图书馆的高级转型。进入 21 世纪后，国内各图书馆相继开展模式和内容丰富多样的移动服务，逐渐迎来真正意义上的移动图书馆服务。移动图书馆是指依托于国际互联网、多媒体、无线移动网络等，用户不受地点、时间、空间的制约，通过使用一些移动设备（如手机、平板电脑、笔记本电脑等），方便、快捷地获取图书信息的查询、浏览的一种新兴的图书馆信息服务，是数字图书馆电子信息服务的延伸与补充。移动图书馆服务具有移动性、便携性、实时性、丰富性和主动性的特点。目前，移动图书馆服务主要包括读者账户、馆藏查询、书刊导航、热门推荐、参考咨询、服务指南、新书通报、开馆时间、相关新闻、意见反馈、活动通知、讲座信息等。

（二）移动图书馆服务模式及服务功能

1. 移动图书馆服务模式

（1）短信息服务

是率先被普遍应用的移动图书馆服务模式，特点是速度快、效率高、费用低和操作简便，主要有信息推送服务和短信咨询服务，提供如新书推介、讲座通知、欠费提醒、逾期催还、资料预约、图书续借、借阅查询、参考咨询等服务。

（2）WAP 移动网站服务

WAP（Wireless Application Protocol）是一种用于移动设备的网络通信协议，它使移动设备能够访问互联网上的信息和服务。WAP 移动网站服务是指为移动设备提供适配于 WAP 协议的网站和内容。

WAP移动网站服务在移动互联网初期非常流行。然而，随着智能手机的普及和移动网络的进步，WAP逐渐被基于Web标准的响应式网站和移动应用所取代。现在，大多数网站和应用都采用响应式设计，可适配不同类型的设备和屏幕大小。

（3）客户端应用服务

它是一种移动增值服务模式，是移动图书馆、数字图书馆和移动终端应用紧密结合的产物。具有功能强大、扩展性强、内容丰富、可定制、趣味性强的特点。目前国外图书馆逐渐普及，国内图书馆也在逐步引进和尝试，利用APP技术提供服务就是其中之一。APP因其独特的优势，自应用于图书馆以来备受关注。

2. 移动图书馆服务功能

目前，国内利用短信、WAP模式、应用程序这三种模式开展图书馆移动服务，主要有常规性的服务、馆藏服务、个性化的服务、WAP创新服务和手机阅读服务等，实现的主要服务功能如下。

（1）常规服务

主要包括开闭馆时间、图书馆新闻、服务介绍、新书通报。

（2）馆藏服务

主要包括书目查询、资源导航、数据库检索、联合资源平台。

（3）个性化的服务

主要包括我的图书馆、图书馆博客、微信公众平台、学科化服务、参考咨询、信息推送。

（4）WAP 创新服务

主要包括深化传统服务、拓展全新移动服务、直接面向用户服务、与用户互动交流。

（5）手机阅读服务

主要包括通过手机二维码、电子阅读器、手机电子书下载，全文阅读。

（三）移动图书馆应用现状和发展趋势

我国进行移动图书馆服务建设的时间比较短，而大部分的图书馆移动服务都是以短信服务和 WAP 网站服务模式为核心，主流的服务模式就是 WAP 网站服务，主要是依照与图书馆内部的基础服务进行延伸与拓展，相较于国外而言差距较大。北京理工大学图书馆是我国最早期运用 SMS 短信服务模式的图书馆，而湖南理工大学图书馆在 2006 年通过 WAP 服务开通，也成了我国第一个开通 WAP 手机服务的图书馆。现阶段已经有越来越多的图书馆开始运用 WAP 网站服务，而服务功能也逐步的有短信和租借合约通知，这些简单的作用转变，为查询书籍，以及数据库检索，甚至统一检索等各种复杂的功能，而客户端整体资源建设与使用，主要就是在高校的图书馆中客户端的运用功能越为便捷与强大，那么就能够使移动图书馆的服务形式和方法更为丰富，从而受到用户的喜爱。但是现阶段在发展过程中，资源支撑还有待完善。

1. 手持式终端设备智能化

手持式终端设备智能化是指将各种智能技术应用于手持式终端

设备，使之具备更高的智能化水平和更加智能化的功能。手持式终端设备智能化通过语音识别技术，使设备能够识别用户的语音指令，实现语音控制功能。用户可以通过语音指令，完成设备的各种操作，如打电话、发送短信、查看天气等。

2. 服务模式体系化

把思索实现服务模式多元化和多样化跟踪移动技术的创新与发展，构建系统的服务模式体系化，所以需要图书馆科学的合理规划，分配不同的服务模式的运用功能与角色，既要保留其自身的优势，运用一些传统的传播模式，又要使主流的模式发挥出实际的价值，以此为根本在发展出客户端模式，三者之间能够相互促进，相互作用，构建一个全方位的系统服务体系，从而满足不同阶段和不同层次人们的多元化信息需要。

3. 服务功能层次化

图书馆服务功能层次化是指将图书馆服务按照功能的不同层次进行划分和归类，以便更好地组织和管理图书馆的服务工作。基础服务层是指图书馆提供的基础服务，包括借还书、查询图书、阅览等基本服务。这些服务是图书馆日常工作的基础，也是读者最基本的需求。增值服务层是指在基础服务层基础上，为读者提供的增值服务，包括参考咨询、文献传递、数字化服务等。这些服务能够满足读者更加深入和个性化的需求。

4. 服务方式人文化

服务系统设计简洁、实用，把方便用户操作放在首位，重视服务功能，提供的信息多种多样，服务更加贴近生活。

5. 宣传推广科学化

改变移动图书馆只是传统图书馆服务的辅助手段的观念，重视推广，制定合理的推广方式，在图书馆主页提供全球导航，将移动图书馆服务相关的推广内容放在主页显著位置进行宣传。

6. 客户端资源丰富化

加大客户端应用软件的开发力度，深化馆藏资源的开发，加速更多的纸质资源与电子资源向客户端应用资源的转化，充实特色馆藏。

五、基于图书馆联盟的服务模式创新

任何图书馆都不可能利用自身的文献资源完全满足用户的所有需求。创建资源共享、互利共赢的图书馆合作团体，进而发展为图书馆联盟服务是趋势。各种类型的多个图书馆之间的合作，图书馆资源共建共享的联盟服务，远比任何一个独立的图书馆都要强大。随着科技的不断进步和网络环境的快速发展，移动网络已经成为网络发展的主体，移动图书馆联盟模式也将成为未来发展的主体模式。

（一）图书馆联盟及其目的

图书馆联盟是指为了共同的目标，由若干个图书馆为主体，结合相关的信息资源系统，按照统一的技术标准和工作程序，履行一项或多项协作功能而建立的图书馆联合体。最早的图书馆联盟是由传统的馆际合作发展而来的。图书馆联盟必须由若干图书馆组成，遵守共同的规则和协议，并有专门的成员组织来管理、监督和协调联盟的运作，以降低成本，实现资源共建、共享、互利，更好地服务用户。图书馆联盟的发展将直接影响图书馆联盟的研发方向和服务模式。

（二）图书馆联盟的作用和类型

越来越多的用户对信息的需求超越了地区、国家限制而转向全球的信息需求。图书馆联盟则可通过虚拟馆藏，用联合共建的方式打破地域限制，克服传统图书馆合作中各自为政的障碍和合作中完全由行政主导的缺陷，将分散的资源经过有序的组织后，提供海量信息通道以满足读者的需要。

在国外，图书馆联盟的基本类型主要有：需要运用大规模计算机自动化系统的大型联盟和读者服务，以及日常业务处理的小型联盟，在某一专题之内的专业联盟，能够帮助不同图书馆之间相互借鉴与信息参考而构建的联盟，例如国际的图书馆联盟协会是最早期的国际图书馆联盟组织，这个组织具有世界不同地区的图书馆的成员馆，而联机计算机图书中心是最为有名气的图书馆，联盟组织已经成为世界上最大的图书馆网络联盟，向多个国家和区域的图书馆开展相关的信息服务。图书馆联盟能够促进图书馆之间的资源共享、服务协作、信息共建、专业交流和社会服务水平，提升图书馆服务的质量和效率，满足读者和社会的多样化需求。联盟成员可以通过共享资源，提高资源利用率，减少资源浪费，为读者提供更加丰富、多样化的服务。同时，图书馆联盟也能够促进图书馆的创新发展和文化传承。

（三）图书馆联盟的服务模式

依托联盟的资源优势开展服务是联盟合作的根本。

1. 馆际互借与文献传递

图书馆之间的相互借鉴服务，可以划分为用户自主借阅和图书馆代为借阅。自主借阅就是联盟成员馆的读者用自己的证件就可以来到成员馆进行文献借阅。图书馆代为借阅指的是读者运用图书馆的互借中心的网站提交申请，然后让校内的图书馆代替读者去完成借阅文献服务。而文献传播的服务是图书馆日常工作人员的工作，需要依照用户需求，通过电子邮件和复印邮寄等多种形式给读者提供馆内的文献，并帮助读者去了解其他图书馆的文献原文的服务。

2. 统一检索

图书馆联盟统一检索是指一个图书馆联盟中的所有图书馆都使用同一个图书检索系统，使读者可以通过一个搜索界面搜索到所有联盟图书馆所收藏的图书和其他相关资源。这种联盟统一检索系统一般会覆盖图书馆的图书、期刊、论文、报告等多种文献资源，并提供检索、借阅、预约、延期等服务。通过图书馆联盟统一检索，读者可以不用逐个地查找不同图书馆的资源，而是通过一个平台便捷地获取所需信息。

图书馆联盟统一检索的实现需要各个图书馆之间进行信息共享和协作，建立起统一的藏书和借阅管理系统，并提供相应的技术支持和培训。这种联盟机制可以提高图书馆资源的利用效率，降低图书馆的采购和维护成本，同时也可以为读者提供更加便捷的服务。

3. 参考咨询

内部的联盟网站平台中，联盟的成员专家和不同的学科专长，都可以通过问答服务开展帮助用户解决问题，一般情况下会运用实时咨询和非实时咨询这两种融合的模式进行咨询，说的就是馆员和读者直接在线沟通交流，非实时咨询说的是用户在系统里用表格的方式填写完毕之后说出自身的咨询内容，然后馆员在一定时间内再通过问题查看进行回复。

4. 定期服务与代查代检

图书馆联盟的定期服务和代查代检都是为了方便读者获取所需信息而设立的服务。定期服务是指图书馆联盟会定期向读者发送所关注的主题、领域或关键词的最新文献信息，读者可以根据自己的需求选择是否借阅相关书籍或文献。这种服务可以省去读者自己搜索和筛选信息的时间和精力，同时也可以让读者及时了解到最新的研究成果和学术动态。代查代检是指读者可以通过图书馆联盟的代理服务，委托图书馆工作人员代为检索和查找所需的文献信息。读者可以提供相关的主题、关键词或题目等信息，图书馆工作人员会根据读者的要求进行检索和查找，并将查找结果反馈给读者。这种服务可以省去读者自己检索和查找信息的时间和精力，同时也可以让读者更加专注于研究和学习。需要注意的是，代查代检服务一般需要收取一定的服务费用，具体收费标准可能会因图书馆联盟的不同而有所不同。

5. 科技查新

运用计算机检索和手工检索等多种形式，通过对比分析和综合分析的方式，给读者完成科研立项和成果鉴定等多项需要实施依据的信息咨询工作，避免用户出现重复研究。

6. 网上培训

分为馆员培训和用户培训两种。馆员培训，是为了让联盟成员馆内部的相关工作人员自身的专业技术与服务能力得到同步提升，运用在职培训的途径提高他们的工作素养。用户培训，则是为了确保用户能够更加准确地认知信息服务的相关种类和实现方法，从而开展的联盟服务项目培训。

7. 个性化服务

让用户能够自主的根据自身的学科专题内容进行跟踪与调查，并且自主获取联盟中心中最为权威且创新的专题信息，还可以调取各种各样的内容和联盟信息，专家需要依照用户个性化需求，推送一些个性化的专项服务内容。

（四）图书馆联盟的发展趋势

图书馆联盟是国际图书馆界适应网络环境的需要，实现资源共享的新措施。所谓图书馆联盟，就是图书馆之间通过合作协议建立起来的联合体。也就是指两个或两个以上图书馆为了实现信息资源共享，以利益互惠为目的而组织起来的，受共同认可的协议和合同制约的图书馆联合体。在网络化的今天，图书馆界的合作变得更加迫切。但是，如何合作则是各国图书馆界探讨的重要课题。

1. 构建图书馆联盟的目的

构建图书馆联盟的目的是为了实现资源的共建共享，促进图书馆共同发展，避免信息重复建设，提高市场竞争力。为了实现这一目标，需要树立新型的合作观念，建立协调一致的联盟目标，并加强图书馆联盟的组织与管理。在实际运作中，联盟成员可能存在各种差异，因此需要定期检查联盟状况和发展目标，以确保协调一致。同时，明确图书馆联盟的组织与管理，建立办公室和工作班子，提供专业培训和咨询，加强组织领导，是确保图书馆联盟发挥职能和形使权利的重要条件。

2. 图书馆联盟建设的必要性

图书馆联盟是在网络环境下实现资源共享、推进全球信息化的必然需求，也是图书馆事业蓬勃发展的时代要求。传统的图书馆合作中存在“条块”障碍，缺乏横向协调机制和统一的建设平台，导致资源浪费和不同系统之间的图书馆资源不能实现共享。而图书馆联盟则打破这种限制，可以实现联合与合作，充分发挥和认同其作用与地位。

3. 运行原则

为了使图书馆联盟各要素在系统中有序地运行，在管理过程中还应研究其运行原则，确保图书馆联盟的目标能更好地实现。

（1）用户至上原则

随着信息时代的到来和网络技术的发展，人们获取信息变得越来越容易，信息量越来越大，同时，人们对信息的要求也日益多样和多变，更多关注于信息对个体需求的适宜性。而图书馆并未对读者需求的改变做出政策层面的相应调整，仍沿用传统的服务理念办馆和发展，使得图书馆对读者需求的响应越来越迟缓，发展也受到多方制约。这一现状导致了图书馆不再是大众获取信息的主要途径，图书馆读者流失严重。作为信息提供者的图书馆也产生极大的压力，开始重新认识时代的发展和考量自身的管理制度及发展战略，寻求跟上时代发展的脚步，以适应全球一体化的图书馆工作新模式带来的变化，酝酿组织结构变革。新的组织理念和管理方式更强调图书馆管理的灵活性和应变性，一方面，改革现有管理结构，精减繁复冗余的机构设置，推行简单、灵活、易于调整的机构模式；另一方面，图书馆要打破单一的服务模式，在强调传统服务的同时，更注重服务的人性化和多样化，逐步提升服务质量。图书馆要以读者为中心，依据读者的需求设立相应的服务，同时依靠图书馆联盟为读者提供全方位的服务，继续保持图书馆在发挥信息集散地作用中的地位优势，以图书馆群体的组织形式拥抱信息网络化和经济全球化的发展。

用户至上是联盟服务的根本法则。利用联盟开展读者服务工作就是为了更好地满足读者多层次、个性化的信息需求，实现图书馆作为信息集散地的定位和功能。一般来讲，图书馆的用户至上原则主要包括三个方面内容：第一，用户对图书馆的需求性，指用户在产生信息需求时图书馆能够提供的信息纵横度，是否能解决用户的信息需求。第二，用户对图书馆的满意度，指用户对图书馆所提供的服务是否感到满意、提供的信息是否及时。第三，用户与图书馆的互动，指双方应达到共赢。由此可见，读者是图书馆服务的对象，也是图书馆工作的检验者与推动者，图书馆联盟的服务准绳应是以读者需求为最高服务准则，将读者需求作为自己行动的出发点和归宿。

（2）整体性原则

图书馆联盟是一个统一的整体，成员馆在确保不影响联盟整体利益的原则下将承担相应权利与义务，制订共同的战略目标和战略计划，既有分工又有合作，共同发展。要建立图书馆联盟，必须要坚持整体性原则，走合作之路。面对现代信息技术和市场经济的双重挑战，建立图书馆联盟、各合作馆共同发展进步是促进图书馆建设和繁荣的一条有效途径，从而使图书馆联盟管理更加科学、运行更加有效。

（3）平等互利原则

依据不同合作目标建立起来的图书馆联盟，其成员馆规模不一、类型多样，既包括公共馆也包括高校馆。在合作之初，应对各馆统一规划，一视同仁，各馆在联盟中能力有大小，地位无高低，各馆合作应依据本馆实际情况量力而行，联盟整体进行协调，优势互补，不论其规模如何、经费多寡都能从中获益。

（4）目标一致原则

合作是为了达到某个既定目标，采用联合各方资源、共同努力的工作方式，在目标既定的前提下，各合作图书馆既有分工又有合作，在不影响全局目标实现的基础上，求大同存小异，适当时候也需牺牲本馆利益为联盟大局服务。

4. 图书馆联盟的运行类型

图书馆联盟的划分类型多种多样，从合作项目和合作内容来划分有采购联盟、编目联盟、服务联盟和技术联盟。图书馆联盟的实质就是共享，成员馆制订共同的战略目标和战略计划，组成一个统一的图书馆联盟整体，成员馆之间既有分工又有合作，共同发展。其目的就是通过将各成员馆的优势资源进行有机组合，优势互补。目前，图书馆联盟已在多个领域展开合作，实现共享。

（1）采购联盟

随着网络的普及和通信技术的发展，电子文献资源在图书馆异军突起，得到用户欢迎。但电子文献数量多，价格昂贵，仅凭单个馆的财力很难做到全部采购，因此图书馆意识到，需要以合作或联盟的形式协同采购，解决在电子资源采购中的难题。

（2）编目联盟

联合编目是图书馆联盟开展活动的前提，是实现资源共享的必要手段。一个高质量、开放型、标准化、完备的网络联合目录应该具备统一检索平台，可以实现统一检索、联合参考咨询、联机合作编目等功能。因此，图书馆联盟的一项重要任务就是要建立联合共享目录系统，这个联合共享目录系统应该成为文献资源建设的突破口。

（3）服务联盟

传统方式的馆际互借主要针对物理性资源的获取，主要表现形式之一是图书馆联盟内各成员馆相互开放各自的馆藏，共享印刷型资源。而随着计算机技术的发展和电子文献的异军突起，服务联盟的建设目标则转向了让读者的信息需求得到更好地满足，联盟成员馆的信息资源得到最大限度的共享与利用。

（4）技术联盟

图书馆技术联盟是指两个或两个以上的图书馆与IT技术机构互相合作，共享技术资源，攻克单个成员馆不能完成的任务，打造一个统一的技术平台。IT技术机构可以是科研院所，也可以是技术企业。因此，图书馆技术联盟一方面指图书馆与公司企业之间的技术联盟，另一方面指联盟成员馆之间的相互技术支持、技术专家的共享等。图书馆技术联盟的核心是技术合作，合作技术开发规模能够体现技术联盟的规模，其规模一般用开发经费、开发人员、开发时间来描述。技术联盟为联盟馆成员提供了文献信息资源和服务读者的能力，有利于进一步提升图书馆的国际合作和竞争地位。

5. 移动图书馆联盟的意义

移动图书馆联盟由供应商提供一整套移动数字图书馆系统解决方案，解决了以往图书馆联盟中信息资源有限和版权等问题。其管理体制和运行机制为移动图书馆联盟的运行提供了良好的内外部环境，有利于获得稳定的资金支持和拓宽资金来源。移动图书馆联盟能够有效整合联盟图书馆的海量纸质馆藏资源、数字化信息资源和优质信息服务，真正让用户能够在任何时间、任何地点方便、快捷、不受限制地访问和共享任何图书馆的信息资源，成为图书馆联盟科学发展的共享模式，也是图书馆联盟可持续发展的有效途径。可以预见，未来的图书馆联盟将是移动图书馆联盟，它将成为图书馆信息资源共享新的发展方向和理想模式。

第三节 数字图书馆的学科化服务

一、数字图书馆的学科化服务与组织

图书馆信息服务的模式概括起来，可分为：传统服务模式、自动化服务模式、数字时代的服务模式。

（一）传统服务模式

传统的服务形式是将藏与用融合在一起，例如，纸质的印刷文献为核心，是让读者从图书馆里借书，或者给图书馆送书来完成传递，因此所有的过程都需要人工手动的方式开展，传统的服务形式是将阵地服务作为核心，更为关注文献的建议，一般情况下都是以多本书作为长期对象，而忽视的文献中的知识单元开发，以及知识的二次加工，传统的服务形式划分为借阅服务、阅读服务、复印服务、文献报道服务文献宣传服务和文献开发服务等等。

（二）自动化服务模式

因为图书馆的自动化发展速度越来越快，因此现阶段的图书馆流通、典藏和检索等多项管理工作，都已经朝着自动化的方向发展。阅览和检索服务已经不是图书馆的主要日常工作内容，而是将用户

作为核心的主动服务。使用自动化的服务系统，能够使文献的信息服务效率极大程度上得到提升，并且伴随着信息技术的飞速发展和服务经验的不断累计，现阶段的自动化服务已经出现了下列这些服务形式。

首先是集成化服务。集成化服务是依照某一行业的相关特征和某一个用户自身的需要，将各种各样的信息资源包括文字信息，以及视频信息与音频信息光盘信息等有机融合为一个整体，然后让用户得到更加全面的主题信息服务。但这无法帮助读者在检索文献线索之后了解原始的文件，然后针对信息内容展开二次加工与深入分析，难以给用户提供支持内容的增值信息。

其次是综合服务。传统的图书馆日常服务工作开展，一般都是需要多个部门划分不同的区域开展工作的，借阅部门只需要去关注书籍借阅，期刊部只需要关注期刊借阅，咨询部只需要负责咨询工作，部门之间缺乏联系，导致用户来到图书馆之后，想要满足自身需求，就需要去到多个部门。集成服务，也是现阶段大部分图书馆在发展过程之中需要研究的核心服务模式，它把信息检索、信息查询、信息提供、信息传递和信息下载融于一体，使用户在一个地区就可以得到更为全方位的服务。

再次是个性化服务。个性化服务是给每一个用户提供更加独特且具有针对性的服务，满足用户独特的信息需求，图书馆需要依照于用户的信息需求差异，针对信息内容展开筛选与分析了解用户最需要的信息资源，然后给他们提供全文的文献，并且通过数据分析下载、邮件传输和信息推送等多种方式，把信息直接发送给用户。

最后是优质服务。图书馆为了能够吸引更多的用户，越来越开始关注信息的加工、信息的深度与知识含量，而不是信息数量，优秀的信息服务能够确保信息的内在质量，使高质量的信息服务工作开展得更有效率，因此加强服务工作应该从内容的角度进行提升信息服务产品整体知识含量和内在质量良好的服务体系。就是在大量信息中找出最为精华的信息，挑出最好的信息。对每一个有用的信息内容都要进行水分脱离，留下精华内容完成信息浓缩。并且要对所有信息开展综合化分析，找出真正对于用户最有用的信息知识。

（三）数字时代图书馆服务模式

伴随着现阶段通信技术的飞速发展，越来越多的计算机都能够形成连接，而单个图书馆也是网络中的某一个节点，图书馆的信息服务工作的整体优势正在不断增加，网络能够使文献的信息储存和传输能力大大提升，让信息大规模的开发与应用变得更加可能，而我国的图书馆数字背景下的服务工作还处于一个初步发展阶段，不同的图书馆都在探索与创新累积自身的经验，从而匹配全新技术和时代发展的需求。

二、数字图书馆的学科化工作与内容

无论是图书馆收藏的实物文献，还是网络上的虚拟信息资源，都蕴藏着丰富的知识，是人类智慧的结晶。人们利用印刷文献或数字电子信息资源，学习前人或他人创造的知识和信息，使人类对客观世界的认识得以长期积累和保存，并在空间上得以广泛传播和普及。正是通过对知识的继承、吸收和创造，人类社会不断发展、创新和进步。文献信息资源是人类极其宝贵的精神财富。图书馆通过信息传递、信息检索、信息开发、信息咨询、网络信息服务等多种服务方式向用户提供知识和信息，在信息和用户之间起中介作用。图书馆向用户传递和推送信息或提供信息导航服务时，其本质是向用户传递知识和信息，在人类知识的传承和交流中起着重要的中介作用。从这个意义上说，图书馆信息服务是一项传播知识和交流信息的工作。

依照上述分析，能够帮助我们了解信息服务的整体发展转变和自身的性质内容，因此可以给其明确自身的定义。数字图书馆的信息服务工作是运用馆内和国内外信息机构的有序化信息资源，或者使用各种各样的电子出版物，吸引网络中的信息资源组织用户，实现开发信息资源，给用户传递知识并完成信息交流、开展教育，使用户的文化生活更加丰富。

第五章 数字图书馆的当下与未来

第一节 数字图书馆对社会资源的应用分析

一、社会资源的定义

（一）社会资源的定义及种类

资源是为了应对需要，满足需求，所有能提供而足以转化为具体服务内涵的客体。包括：技术、知识、组织、社会关系。资源可分为自然资源和社会资源两大类。自然资源如阳光、空气、水、土地、森林、草原、矿藏等。社会资源是为了应对需要，满足需求，所有能提供而足以转化为具体服务内涵的客体，包括人力资源、信息资源以及经过劳动创造的各种物质财富等。社会资源又分为有形资源与无形资源等。有形资源包括人力（职员、顾问和义工等）、物力（设备、家具和用品等）、财力（私人捐献、政府补助和企业赞助等）、场地空间等。无形资源包括技术、知识、组织、社会关系等。社会资源的种类依其性质可分为人力资源、组织资源、经济资源和物质资源。人力资源主要包括可以为本机构提供帮助或指导的各行业、社会各层面的人力，图书馆可以征求教师、大学生、退休公教人员提供所学或贡献才能，开展真人图书馆、服务咨询、阅读指导、资源整理等活动。社会上的热心公益事业属于组织资源，如大学社团、基金会，如果能有这些团体的服务，工作将更能向前推进。经济资源指开展活动的经费的筹措，例如采取义卖、捐赠、赞助、奖励等方式鼓励社会大众参与有意义的公益捐助运动，也可向政府有关机关申请特定主题活动项目的经费补助，或向公益组织和慈善基金会申请补助，接受社会团体与民间企业的捐助与合作。物质资源指天然资源、生物资源，包括用于图书馆服务的土地、矿物、水源、天然风景区域或公园绿地、机关学校、公共建筑空间、设备及教学媒体器材等。

（二）社会资源对图书馆的意义及重要性

图书馆运用社会资源主要是为了补足图书馆本身人力、财力、物力的不足。另外，还可学习借鉴其他机构的经验及专长，提高图书馆在社会上的能见度，建立良好社会关系，通过提供参与图书馆服务的机会吸引更多民众关注图书馆、利用图书馆资源。关于图书馆利用社会资源的意义和重要性总结如下。

一是补充图书馆资源的不足。图书馆属于社会公共服务机构，历来费用由政府财政拨款，而财政每年关于图书馆的预算基本都是固定的，在经费不变的前提下，图书价格越来越高，读者需求越来越个性化，对图书馆的期望和要求也越来越多。图书馆既要维持现有服务满足读者的多元需求，也希望能不断提升服务质量，提供更深层次、更有内涵的新服务。因此，图书馆在积极争取政府财政支持的前提下，更应积极寻求社会资源的帮助来拓展服务。

二是借鉴其他机构的经验与特长。过去图书馆员仅局限于自己的专业和具体工作，视野较狭窄，对其他学科领域关注不够，取长补短发挥有限。而事实上，图书馆运行与管理除需要图书信息专业知识外，更涉及社会教育、公共管理、读者心理学、新闻传播、建筑设计等多方面的知识与经验。因此，若能与其他社会机构合作，结合公益组织、出版社、媒体的特长及经验，既能开阔图书馆员的服务思想，也为图书馆发展注入新的活力。学习公益组织对社会公益发展、民众心理、公益教育的专业知识，能协助图书馆更好掌握读者心理，服务更贴切，阅读指导效果会更好；学习出版社对书籍的管理及与作家的沟通，可以为图书馆成功举办真人图书馆提供经验；学习媒体的营销及宣传手段，有助于图书馆及时将开展的服务和活动向社会通报，塑造良好社会形象，提高各项活动及服务的能见度。

三是提高图书馆在社会上的能见度。图书馆人力和经费资源有限，如能善于运用社会资源，结合各领域组织及专家的经验，将其运用到图书馆工作当中，将带给读者更多更好的服务。例如，图书馆筹划文学经典作家纪念作品展时，必须深入了解该作家的生平、背景、创作经历、作品风格，如能与国内出版该作家作品的出版社合作，细致地整理作家的生平经历，则能使图书馆的作品展活动更加生动丰富。

四是建立良好社会关系。图书馆除了积极争取社会大众都成为图书馆读者外，还应创造各种条件加深社会大众对图书馆的关注与了解，积极促使社会大众参与图书馆事务，发挥自身聪明才智为图书馆发展做贡献，共同经营属于社会的图书馆。

五是增加服务社会各界的机会。图书馆在社会的能见度较低，活动宣传报道较少，社会形象虽不差，但一定程度上给社会大众留下了工作低调不积极的印象。为提高图书馆在社会上的能见度，图书馆应积极结合各界力量，推广阅读活动，增加自身出镜率，提高能见度，吸引更多目光关注图书馆活动，让更多人走进图书馆享受服务。

六是吸引更多用户利用图书馆。图书馆虽积极举办各种阅读活动，也通过新闻媒体及时宣传报道，但总有没有关注到的社会层面、群体和组织。所以，积极利用社会资源，通过合办活动的方式，吸引那些参加在图书馆举办活动或会议的非图书馆使用者进入图书馆，进而成为图书馆的用户和读者。例如，图书馆与教育机构合作，吸引更多学生进入图书馆；美术展借用图书馆场地展出，除参与的画社画友会进到图书馆外，相关的美术爱好者也会前往参观，从而吸引一些未曾利用图书馆的用户走进图书馆。

（三）图书馆运用社会资源的方式

图书馆运用社会资源的方式随目的的不同大致分类如下：

1. 募款

为了有效地筹备募款，美国许多公共图书馆的做法是先成立一个非营利性质的基金会，向政府申请合法的免税资格，然后聘请社会贤达及社会精英人物担任基金会理事，并往往每年固定捐款，借用他们良好的人际关系可起到抛砖引玉的作用。募款的途径及方法可归类为：大型募款，往往是兴建或扩建一所图书馆时所进行的募款；小型募款，小型募款形式多样，如餐会、研讨会、义卖、赞助等都可利用；持续性募款，指每年定期举办一次或二次的募款活动。

2. 捐赠馆舍

建造一座新馆舍普遍花费经费较多，单靠财政拨款难度较大，图书馆可寻求有雄厚财力的企业家洽谈捐赠建筑硬件的可能性，有的企业家考虑抵税问题，采取先建后捐。馆方确定合适馆址后，由捐赠者聘请建筑师设计并委托建筑施工，完工后捐赠给图书馆；有的捐赠者则是将款项交由馆方统筹运用。

3. 募集设备、图书

图书馆可依需求主动与社会专门机构联系，向外界募集设备及图书；另外，图书馆也可以撰写专门启事，向特定对象，如企业、公益组织及热心人士争取捐赠。

（1）常态募集。图书馆统一发布新闻、馆内张贴海报、在刊物及网站上刊登募集启事，随时接受捐赠。

（2）专题募集。图书馆可在开展专题活动时针对特定需求向社会募集捐赠，如新设专门书库可对外征求赠书；收集专门作家作品时为了保证作品的完整性，可对外征求捐赠；需新增设备及其他硬件时，也可通过主动向外界征求捐赠寻求帮助。以上均是由社会大众及企业直接捐赠书籍或设备，图书馆也可直接接受捐款，捐款由捐赠者指定用途或纳入专户统筹运用。

4. 建立合作关系

（1）长期合作关系。图书馆可采用共同经营、长期赞助等方式寻求形象良好的团体或个人，就特定馆舍、服务或业务建立长期合作关系。

（2）项目性活动、服务的合作关系。针对特殊项目或活动可通过寻求合作对象，由对方更为专业的人士开展专题活动，以达到双赢效果。如与大学的教育学院、文学院合作，由专业学生在馆内提供阅读指导、开展人文关怀，一方面给学生提供实习的机会，另一方面提高了图书馆服务的专业性。

5. 招募义工和志愿者

现今社会中，乐于奉献一己之力于公共服务的社会大众颇多，书馆如能善加利用，将有助于图书馆各项业务的推动及服务质量的提升。图书馆可通过招募义工和志愿者，系统培训应征者提高业务能力，有计划地存备义务工作人员；根据工作需要挑选具有专门特长的人员，为图书馆策划活动和提供咨询服务。另外，可成立爱心服务队或小小义工队，由经常利用图书馆的年长女性或儿童读者协助整理书籍，办理借还书手续或维持秩序。图书馆在义务工作人员展开服务前，应开展培训或讲座，系统讲解图书馆的功能、各项规定、工作程序、简单的分类编目知识，并定期举办志愿者座谈会以了解志愿者及义工想法，对建设性的意见予以采纳。也可与社团组织签订年度工作计划，寻找理念相同、性质相近的合作组织，在合作书中注明服务的具体细节、时间、经费分摊等。国内图书馆的人力普遍不足，义工加入服务阵列除了可使图书馆能不间断提供优质的读者服务外，更可增强图书馆社会教育功能及休闲文化功能，进而促进图书馆与社会的良性互动。

具体而言，图书馆运用义工和志愿者的意义重大。

首先，解决图书馆人力不足问题。在编制固定的情况下，为了满足读者日益增长的个性化需求，图书馆业务需不断扩充，服务内容不断增加，这些都要依赖社会上有服务热情的志愿者协助才能完成。

其次，引进有专业特长的人才。读者中的特殊读者群如“银发族”、儿童读者是需要专门服务人员提供服务的，比如儿童馆部分重视与儿童读者的互动，需要具备专门特长的馆员才能胜任，而国内图书馆学专业教育对学生此相关能力的培养较为欠缺，加上图书馆人员的聘任制度限制，很难引进具有相关特长的专业人才到图书馆开展活动，因此将相关活动的开展委托给具有特长的志愿者则成了上上之选。

再次，给社会大众提供参与图书馆工作的机会、建立良好社会关系。让社会大众有机会参与图书馆服务，成为图书馆志愿者，进一步支持图书馆工作及协助图书馆的业务推动。

最后，提高对图书馆资源的检索与利用技能。志愿者参与图书馆的工作，除了在实际业务中可以对图书馆资源的检索与利用有深入了解外，通过教育培训活动，志愿者对图书资料的排架编目、计算机检索及网络查询也有了更深入的掌握。

6. 成立图书馆之友等图工会

美国公共图书馆的图书馆之友（Friendsof the Library）是图书馆成立的非营利会员制度组织，这类组织除协助筹款、推广民众使用图书馆，并向当地政府游说、倡导图书馆的重要性、要求政府多拨经费外，在图书馆举办活动时，也给予人力或经费上的协助。“图书馆之友”组织通常以推举的方式组成委员会，负责招募会员、设计活动，并善于运用图书馆所有的资源。会员对图书馆多怀抱热情，更是图书馆的好伙伴，在精神及实质上支持图书馆。“图书馆之友”所扮演的角色因会员特长不同而有所差别，有的善于推动社会关系，有的“图书馆之友”则与政界关系良好。“图书馆之友”也会帮助图书馆举办活动，且活动经费完全由“图书馆之友”组织筹募而来，有时活动经费出现盈余更为图书馆带来一笔额外的预算。

7. 共同举办活动

图书馆可与性质相近的组织，如出版社、公益团体、基金会共同举办活动以推动阅读风气，为社会大众提供多元丰富的服务。

(1) 共同主办

合作双方为推动彼此工作发展，在平等互惠的原则下，用对等的人力、物力、经费资源协力合办活动。采行此种方式，须经双方彼此磋商，这样既能达成图书馆举办活动的目的，也让合办单位的活动目的圆满完成，达到双赢效果。当图书馆与其他单位合办活动时，双方必须互惠共利才能使合作愉快，并为往后继续合作创造可能性。

(2) 协办或委托办理

协办是图书馆因自身资源不足，而向协助单位寻求帮助，由媒体协助宣传、企业单位提供活动赠品等。委托办理通常是图书馆计划开展特定的活动或提供专门服务，且已有相关经费，但欠缺人力或专门人才，特委托外部单位的特长人才协助推动业务。采用此种方式，必须慎重选择受委托单位，以免因成效不佳损及图书馆形象，如读书会带领人、业务培训主讲人等，图书馆可委托专业人员如图书馆学相关学科带头人、社会有影响力的专业人才、阅读推广人或图书馆相关专业学会负责人负责办理。

第二节　数字图书馆建设存在的问题与解决策略

一、数字图书馆建设存在问题的分析

我国数字图书馆建设已经取得了不小的成就，但也存在着许多问题。主要有以下几方面：

对数字化、信息化认识的不足，缺乏决策层强有力的支持，建设

经费明显不足；图书馆工作人员的数字化管理能力及提供高质量服务的能力不高；缺乏信息技术人才，用户素质及消费能力较低；硬件环境良莠不齐，网络速度慢，自动化水平低，系统安全性及安全防范意识差；存在数字化资源建设问题，信息资源缺乏统一标准，信息资源重复建设，信息版权保护问题严峻；数字图书馆所面临的技术问题归纳为信息资源建设、多媒体信息标准、存储与压缩、分类、索引和检索、安全性、用户界面、高层信息服务协议等十个技术挑战；版权和知识产权在网络时代的运用问题、法律问题尚待解决；存在数字图书馆性质定位问题、运营模式问题、数字化图书馆与传统图书馆的关系问题。

建设数字图书馆的成功经验只能在实践中摸索获得，面对实践中遇到的问题，有以下对应策略：争取决策层的支持，多渠道筹措建设数字图书馆的资金，用好经费，充分发挥现有设备的作用；抓紧人才建设，开展用户培训，提高馆员的计算机技术、网络技术等专业的知识水平及应用能力，提高人员认识，转变观念，建立科学的管理机制和服务模式；加快信息基础设施的建设和改造；加强国际的信息交流与合作，引进技术和自己研究相结合；深化数字图书馆研究和试验，加强对传统图书馆的改造。

二、数字图书馆建设的具体措施

建设数字图书馆，要做好全盘决策，这不仅仅是技术问题，更是管理问题。对于每一个建设数字图书馆的具体需求来说，目前在计算机领域，数字图书馆相关技术是最综合、最尖端的，几乎涵盖着计算机网络技术所要解决的所有问题。无论是海量信息存储到面向对象的分布式管理，还是模式识别、基于知识内容的挖掘和检索到人机界面技术，是变化发展最为迅速的。故而很难有一步到位的建设方案。

（一）面对将要建立的数字图书馆

决策者应该尽可能地在各种条件的限制下，最大程度地达到自己的需求，与在专业技术人员的咨询参与中，在各种各样的可能性和现实性中做出抉择，并拟订实施方案，慎待决策阶段，严控实施阶段，完善验收阶段。

决策阶段。需求分析与系统规划设计是核心。必须从实践到理论弄清为什么？建什么？怎样建？数字图书馆建设没有现成的模式可以遵循。

（二）项目实施阶段

启动最合适的数字图书馆建设计划，有许多切入点，广域网连接和局城网布线是建设数字图书馆的基础设施，启动数字化项目时，设施辅设应该包括在整个数字图书馆的建设方案中。

网络的改造除了结合需求设计之外，应尽量考虑长远，尽量做足，或留有余地，都要从经济性、兼容性、扩展性等方面去考虑。

（三）走资源共享之路

资源共享信息资源共享是图书馆追求的终极目标。

在图书馆的发展历程中，对实现资源共享进行了不懈的努力，产生过许多在当时技术条件下有效的资源共享方式。数字图书馆的出现，使文献信息资源的共享已经不是原先意义上的实体型信息载体在物理空间中转的陈旧方式。

资源共享的分步推进措施：加强行业合作协调。根据各图书馆的重点和优势，建设突出地域特点或专业性的数字图书馆。有丰富的馆藏资源才能更好地开展各项服务，因此，必须加强图书馆的信息资源建设，包括传统的印刷型文献、视听型文献、电子阅览室建设，网络资源建设等。此外，还要加强零散信息的收集与转化，增强可利用信息的深度。各类图书馆要发挥各自的馆藏优势，针对用户的需求，有组织、有计划、有目的地将馆藏文献资源数字化，为读者提供机读目录服务，结合本校专业和馆藏文献特点，建立各种专业数据库，充分发挥不同特色的图书馆信息资源的作用。

第三节　未来数字图书馆发展趋势

一、数字图书馆建设的可行性分析

信息化技术给图书馆带来了一些积极影响，比如，节约了大量纸张、印刷和装帧材料，节约了储藏和流通空间，提高了阅读、检索、查询、复制、传输的效率，改变了人们掌握知识、科学研究的方法和观念等。随着手机等移动设备的飞速发展，用户在乘车、旅游时，喜欢用手机阅读电子书，而且随着平板电脑、电子书阅读器等设备的大量涌现，用户对电子书籍阅读的渴望更加强烈。由于水灾、火灾、虫灾等原因，很多古代经典书籍已经失传，创建国家数字图书馆对书籍进行永久保存势在必行。目前谷歌正在研究数字图书馆，已经收录了哈佛大学、密歇根大学和斯坦福大学图书馆的部分图书。我们应该建立国家数字图书馆，中国的优秀作品应该首先由中国图书馆来收录。

随着数字图书馆探索和实践的深入，人们对数字图书馆的认识已发生了根本性的转变。这种转变不仅仅在数字图书馆的服务方式和形态上，更在建设思想和理念上。新时代背景下的数字图书馆不仅仅是传统图书馆业务服务的数字实现，更是社会文化生活、社会文化需求、社会文化生产和社会科技发展的深入契合，是图书馆服务、互联网服务、移动服务的深入整合，是传统文化、网络文化与科技文明的深入融合。它的生存与发展要与整个社会文化产业链的网络化演进相融合，要与信息服务的网络化潮流相匹配，要与群众随时、随地、随手获得知识的需求相一致，从而成为文化与科技深入融合的产物。在今天，就集中表现为在加强图书馆自身信息化服务的同时，通过与电信运营商、电视运营商、网络媒体运营商等的深入合作，利用互联网、电视等渠道，以手机、电视、电脑等多种终端为对象的，以交互、点播、共享、分发等为手段的综合服务模式。

二、数字图书馆发展趋势

（一）综合性创新

云计算在数字图书馆中的应用。云计算基本原理是通过使计算分布在大量的分布式计算机上，而非本地计算机或远程服务器中，数据中心的运行将更与互联网相似。这使得用户能够将在云计算中，图书馆可以把电子资源存储在成千上万的服务器，而不是只存在单独的服务器中，速度快，系统稳定。从而防止因为图书馆服务器崩溃而丢失珍贵的电子资源，并且降低了图书馆对服务器的维护和软件的更新等费用，减少了图书馆员的工作量，节省了服务器占用的空间。云计算还使得图书馆资源实时资源共享，不仅可以查看国家数字图书馆的内容，而且可以查看各个站点图书馆的相关信息，相信未来可以实现全球信息共享。不过目前还不能实现，需要慢慢摸索，寻找一条适合我国图书馆的“云之路”。

（二）全方位创新

数字图书馆要向“市民的书房”“城市的起居室”的目标迈进。传统图书馆为读者提供了读书的场所和一些查询图书信息的电脑。随着网络信息时代的来临，数字图书越来越普遍，为读者免费提供上网电脑、沙发、饮料等服务会吸引读者进入图书馆、了解图书馆。数字图书馆把全国各地的图书馆连接起来，超越了时间和空间的限制。通过计算机网络，用户可以在任何存在网络的地方办公，对数字图书馆中的数据进行检索、浏览，如果用户遇到疑问可以直接通过即时通信工具咨询图书馆在线客服，使客户服务更加人性化、便捷化，而且增加了信息共享程度。

三、Web3.0 的使用

Web3.0 是虚拟化程度更高、更自由、更能体现网民个人劳动价值的网络世界，一个能够实现如同真实世界一样的虚拟社会。

未来的数字图书馆会越来越人性化，更加以用户为中心，信息也更加透明化。通过 Web3.0 进行更加精确的搜索，通过三倍处理器对网络内容进行更深层次的挖掘，代替用户对内容的筛选，精确查找客户需要的信息。而且 Web3.0 支持多客户终端，这样就使用户可以通过电脑、无线移动通信设备快速访问数字图书馆，使得全国任何角落访问图书馆变得快速而简单。

Web3.0 具有信息聚合和智能搜索的能力，通过 Web3.0 可以建立个人门户图书馆，自建资源，浏览图书馆，定制专家文献、论坛模块、学术出版物等各类资源，对个人图书馆进行统一管理，提供统一检索，便于读者查看，这样不用每次都去图书馆查找，从而节省了时间和精力。

四、发展中存在的问题与展望

一是版权问题。其实国内在很早之前就想创建大型的数字图书馆，就是因为版权没有谈判成功，所以才进步缓慢。谷歌一直想创建全球数字图书馆，但是一直官司不断，几乎都是因为版权问题。其中有很多作家谈到了谷歌未经同意直接扫描作品的做法没有尊重作者，我国数字图书馆力量相对薄弱，没有谷歌雄厚的资金和技术，我们一定要多与出版商协商，建立合理的平衡机制，签订合同，制定相应的版权机制，尊重出版商意见的基础上打造国内大型数字图书馆。

二是重视程度不够。对制度规范重视不足，而且没有足够的经费支持，影响了数字图书馆服务质量的进一步发展。

三是共享资源问题。共享资源的维护与坚持是任重而道远的，需要图书馆、博物馆、艺术馆、档案馆的共同努力与协作，现在缺少馆与馆之间的沟通协作，而且对各馆之间的资源的融合与整理需要专业人士参与，这就增加了沟通的难度。

总之，我国拥有大量的图书馆和图书馆员，在建立数字图书馆方面存在着优势，并且在综合性、服务多元化、个性化方面存在很大进步的空间，相信在云计算技术飞速发展的今天，数字图书馆的服务会日趋完美，数字图书馆必将成为图书馆持续发展的方向。

参 考 文 献

[1] 孙仙阁．数字图书馆的发展研究 [M]．成都：电子科技大学出版社，2016．

[2] 刘小琴，吴建中．数字图书馆发展趋势研究报告 [M]．上海：上海科学技术文献出版社，2016．

[3] 顾立平．数字图书馆发展个性化、开放化、社群化 [M]．北京：科学技术文献出版社，2013．

[4] 周运丽．数字图书馆创新与发展研究 [M]．长春：吉林出版集团股份有限公司，2019．

[5] 马玉红，王瑞芬，李谨宇．数字图书馆的建设与发展 [M]．开封：河南大学出版社，2010．

[6] 陶钢．数字图书馆的建设与发展 [M]．长春：吉林文史出版社，2008．

[7] 毛垣生．数字图书馆建设与发展 [M]．北京：中国市场出版社，2006．

[8] 于虹．数字图书馆的创新研究与发展变革 [M]．沈阳：辽宁大学出版社，2014．

[9] 崔蕾. 现代数字图书馆发展研究 [M]. 长春：北方妇女儿童出版社，2020.

[10] 王芬林，吴晓. 数字图书馆发展研究 [M]. 北京：国家图书馆出版社，2012.

[11] 蔡洪齐. 高校数字图书馆发展模式 [M]. 长春：吉林文史出版社，2016.

[12] 李晓明. 我国数字图书馆发展研究以省市级公共图书馆为例 [M]. 北京：国家图书馆出版社，2014.

[13] 张睿丽. 数字图书馆资源管理与建设 [M]. 长春：吉林人民出版社，2019.

[14] 董敏红. 数字图书馆服务发展研究 [M]. 沈阳：辽宁大学出版社，2019.

[15] 胡秀丽. 数字图书馆建设与发展研究 [M]. 长春：吉林大学出版社，2016.

[16] 林团娇. 数字图书馆资源建设研究 [M]. 延吉：延边大学出版社，2019.

[17] 詹黎锋. 数字时代图书馆信息资源建设的新发展探究 [M]. 北京：中国纺织出版社，2019.

[18] 邱锋祥. 现代数字图书馆建设与发展探究 [M]. 北京：新华出版社，2016.

[19] 郭旗. 现代高校数字图书馆研究与发展 [M]. 北京：中国纺织出版社，2016.

[20] 林丽，李明，朱艳春. 数字时代图书馆管理理论及其建设发展探究 [M]. 上海：上海交通大学出版社，2017.

[21] 由维丽. 数字图书馆建设与发展 [M]. 哈尔滨：黑龙江教育出版社，2009.

[22] 朱硕峰. 世界各国图书馆数字资源发展政策精要 [M]. 北京：国家图书馆出版社，2016.

[23] 李愈华. 大数据时代高校数字图书馆发展模式研究 [M]. 北京：北京燕山出版社，2017.

[24] 郑建明. 数字图书馆建设体制与发展模式 [M]. 北京：科学出版社，2013.

[25] 刘志军，唐维. 数字图书馆的发展与建设研究 [M]. 成都：电子科技大学出版社，2016.

[26] 王芬林. 数字图书馆实践思考文化共享工程的发展与创新之路 [M]. 北京：国家图书馆出版社，2012.

[27] 苏芳荔. 图书馆数字人文服务 [M]. 北京：中国纺织出版社，2021.

[28] 牛世建. 高校数字图书馆建设研究 [M]. 延吉：延边大学出版社，2019.

[29] 张睿丽. 数字图书馆资源管理与建设 [M]. 长春：吉林人民出版社，2019.